ENCONTRO MARCADO

Francisco Cândido Xavier

ENCONTRO MARCADO

pelo Espírito Emmanuel

FEB

Copyright © 1967 *by*
FEDERAÇÃO ESPÍRITA BRASILEIRA – FEB

14ª edição – 4ª impressão – 1,2 mil exemplares – 4/2024

ISBN 978-85-7328-802-5

Todos os direitos reservados. Nenhuma parte desta publicação pode ser reproduzida, armazenada ou transmitida, total ou parcialmente, por quaisquer métodos ou processos, sem autorização do detentor do *copyright*.

FEDERAÇÃO ESPÍRITA BRASILEIRA – FEB
SGAN 603 – Conjunto F – Avenida L2 Norte
70830-106 – Brasília (DF) – Brasil
www.febeditora.com.br
editorial@febnet.org.br
+55 61 2101 6161

Pedidos de livros à FEB
Comercial
Tel.: (61) 2101 6161 – comercial@febnet.org.br

Adquirindo esta obra, você está colaborando com as ações de assistência e promoção social da FEB e com o Movimento Espírita na divulgação do Evangelho de Jesus à luz do Espiritismo.

Dados Internacionais de Catalogação na Publicação (CIP)
(Federação Espírita Brasileira – Biblioteca de Obras Raras)

E54e Emmanuel (Espírito)

Encontro marcado / pelo Espírito Emmanuel; [psicografado por] Francisco Cândido Xavier – 14. ed. – 4. imp. – Brasília: FEB, 2024.

164 p.; 21 cm – (Coleção Emmanuel)

ISBN 978-85-7328-802-5

1. Espiritismo. 2. Obras psicografadas. I. Xavier, Francisco Cândido, 1910–2002. II. Federação Espírita Brasileira. III. Título. IV. Coleção.

CDD 133.93
CDU 133.7
CDE 80.03.00

SUMÁRIO

Encontro Marcado 11

1 Cooperação com Deus 13
   Cooperação individual na execução do plano
   de serviço da Providência Divina

2 Analisar 17
   Analisar com a luz do bem para entender e
   auxiliar

3 Ante as crises do mundo 21
   Comportamento individual perante as crises
   da sociedade humana

4 Revisão e reajuste 23
   Retorno às tarefas de construção espiritual

5 Renovações 27
   Renovações inevitáveis da vida

6 Adivinhações 29
   Predições do futuro

7 Página do caminho 33
   No entrechoque das paixões humanas

8 Caridade e razão 37
   Raciocinar para conversar com proveito

9 Experiências pessoais 39
   Experiências perigosas na esfera dos entes queridos

10 Assistência particular 43
   Serviço pessoal de beneficência

11 Em louvor dos outros 45
   Necessidade de beneficência

12 Na hora do perigo 47
   Ação pessoal nas crises das boas obras

13 Em paz de consciência 49
   Reconsideração na vida interior

14 Cólera e nós 51
   Prejuízos da irritação

15 Perante ofensas 53
   Compreensão e tolerância

16 Deus e nós 57
   Nossa tarefa pessoal na Obra Divina

17 Em todos nós 59
   Renovação natural em nós mesmos

18 Diante da rebeldia 61
   Obediência e rebeldia

19 Teu recanto 63
   Influência individual

20 Na hora do desânimo 65
   Nunca desanimar na seara do bem

21 Servir sempre 67
   A faculdade de auxiliar

22 A face oculta 69
Necessidade da compaixão em qualquer julgamento

23 Receitas de vida eterna 71
Imperativo da prática do bem

24 Em favor dos desencarnados 75
Meditação ante os que partiram

25 Cooperadores 77
Formação de cooperadores

26 Diante do trabalho 79
Excelência do trabalho

27 Mediunidade atormentada 81
Mediunidade e disciplina

28 Examinando a mediunidade 83
Mediunidade e serviço ao próximo

29 Não te impacientes 85
Calma e paciência

30 Investimentos 87
O valor da cooperação fraterna

31 Sexo transviado 89
Conduta espírita ante o sexo transviado

32 Psicologia e Evangelho 91
O Evangelho ante a psicologia moderna

33 Companheiros de experiências ... 93
Espíritos obsessores

34 Filhos diferentes 95
Filhos em desarmonia com o lar

35 Pais difíceis 97
Pais humanos em divergência conosco

36 Libertação espiritual 99
   Libertação interior e reequilíbrio

37 Ao explicador espírita 101
   Orientação da palavra espírita

38 Socorro e benevolência 105
   Caridade e perseverança

39 Espíritas iniciantes 107
   Companheiros no começo das tarefas espíritas

40 Incompreensão 109
   Nossa posição diante dos outros

41 Pensamento e conduta 111
   Vontade no plano mental

42 Aflição vazia 113
   O problema da ansiedade

43 Teu tijolo de amor 115
   Concurso pessoal na seara do bem

44 Temperamento 119
   Autocontrole

45 Desafio e resposta 121
   Excelência da compaixão

46 Paciência e nós 123
   Definição de paciência

47 Entre o bem e o mal 125
   O dever de velar pelo bem dos outros

48 Nos momentos difíceis 127
   Inspiração dos pioneiros do bem

49 Em torno da humildade............ 129
   Fidelidade ao dever

50 Quando o erro apareça............ 133
   Atitude à frente de nossos erros

51 Ante o divórcio....................... 135
   Lar e divórcio

52 Idiotia..................................... 139
   Lesões cerebrais irreversíveis

53 Livres, mas responsáveis........... 141
   Liberdade e responsabilidade

54 Entes amados.......................... 145
   No trato com os entes queridos

55 Também por nós...................... 147
   Autoexame

56 Na cura da obsessão................. 149
   Obsessão e auxílio espírita

57 Problemas............................... 151
   Ante os problemas da vida

58 Perseverarás............................ 153
   Necessidade incessante do bem

59 Auxílio e esforço próprio.......... 155
   Auxílio externo e esforço próprio

60 O modelo................................ 157
   O Cristo no trabalho cotidiano

ENCONTRO MARCADO

Vinde a mim, todos vós que estais aflitos e sobrecarregados, que eu vos aliviarei. Tomai sobre vós o meu jugo e aprendei comigo que sou brando e humilde de coração e achareis repouso para vossas almas, pois é suave o meu jugo e leve o meu fardo." – Jesus (*Mateus*, 11:28 a 30).

Sou o grande médico das almas e venho trazer-vos o remédio que vos há de curar. Os fracos, os sofredores e os enfermos são os meus filhos prediletos. Venho salvá-los. Vinde, pois, a mim, vós que sofreis e vos achais oprimidos, e sereis aliviados e consolados. Não busqueis alhures a força e a consolação, pois que o mundo é impotente para dá-las. Deus dirige um supremo apelo aos vossos corações, por meio do Espiritismo. Escutai-o." – O Espírito de Verdade (Capítulo 6, itens 1 e 7, *O evangelho segundo o espiritismo*).

• • •

A vós que aspirais a alcançar a trilha da libertação e da paz, a vós que experimentastes a visita da dificuldade e da provação e indagais pela causa da angústia e do sofrimento, oferecemos estas páginas... Elas não guardam a pretensão de revelar-vos caminhos maravilhosos da Terra para os Céus e sim desejam, de algum modo, definir-nos os diálogos, de uns para com os outros, na temática da vida, ante os problemas da edificação do Reino do Senhor, para dentro de nós mesmos.

Crede, leitor amigo! Cada capítulo singelo deste livro não é senão um entendimento de alma para alma ou rápida entrevista entre nós e a verdade, no contato com a Doutrina Espírita, a Religião Universal do Amor e da Sabedoria, na qual palpita — inevitável para cada um de nós — o encontro marcado com as lições do Cristo de Deus.

EMMANUEL
Uberaba (MG), 11 de janeiro de 1967.

1
COOPERAÇÃO COM DEUS
Cooperação individual na execução do plano de serviço da Providência Divina

Quantas vezes terás dito que amas a Deus e te dispões a servi-lo? E quantas outras tantas terás afirmado a tua fé na Providência Divina?

Provavelmente, porém, não te puseste ainda a raciocinar que os teus votos foram acolhidos e que o Todo-Misericordioso, por intermédio de vasta corrente hierárquica de assessores, te enviou as tarefas de cooperação com a sua Infinita Bondade, junto de causas, organizações, situações e pessoas, que lhe requisitam assistência e intervenção.

Exposto, assim, o problema do teu setor de ação individual, será justo considerar que esforço e dedicação constituem ingredientes inevitáveis no encargo que te foi confiado, a fim de que obtenhas o êxito que denominamos por "dever cumprido perante Deus".

Mãe ou pai, se recolhesses da vida tão somente os filhos robustos e virtuosos, que indícios de amor oferecerias a Deus, quando Deus te pede o coração mais profundamente voltado para os filhos menos felizes, com bastante abnegação para jamais abandoná-los, ainda mesmo quando o mundo os considere indesculpáveis ou desprezíveis?

Professor ou mentor, se reunisses contigo apenas os discípulos inteligentes e nobres, quem estaria com Deus no auxílio aos rebeldes ou retardados?

Dirigente ou supervisor, nos diversos ramos da atividade humana, se fosses chamado para guiar os interesses da comunidade exclusivamente nos dias de céu azul, para entoar louvores à harmonia ou presidir a distribuição de luzes e bênçãos, quem cooperaria com o supremo Senhor, nas horas de tempestade, quando as nuvens da incompreensão e os raios da calúnia varam a atmosfera das instituições, exigindo a presença dos que cultivem brandura e compreensão, a fim de que a Divina Misericórdia encontre instrumentos capazes de ajudá-la a restaurar os elementos convulsos?

Obreiro do bem ou condutor da fé, se obtivesses da Terra apenas demonstrações de apreço e palmas de triunfo, quem colaboraria com Deus, nos dias de perturbação, de maneira a limitar a incursão das trevas ou a apagar o fogo do ódio, entre as vítimas da ilusão ou da vaidade, nos lugares em que o Pai supremo necessite de corações suficientemente corajosos e humildes para sustentarem o bem com esquecimento de todo mal?

•

Onde estiveres e sejas quem for, no grau de responsabilidade e serviço em que te situas, agradece aos Céus as alegrias do equilíbrio, as afeições, os dias róseos do trabalho tranquilo e as visões dos caminhos pavimentados de beleza e marginados de flores que te premiam a fé em Deus; quando, porém, os espinhos da provação te firam a alma ou quando as circunstâncias adversas se conjuguem contra as boas obras a que te vinculas, como se a tormenta do mal intentasse efetuar o naufrágio do bem, recorda que terás chegado ao instante do devotamento supremo e da lealdade maior, porque, se confias em Deus, Deus igualmente confia em ti.

2
ANALISAR
Analisar com a luz do bem
para entender e auxiliar

    Quando analisares qualquer ocorrência menos feliz, procura ver o bem que permanece vivo e ativo por trás do mal aparente que supostamente esteja dominando a situação.

    Muitos daqueles que foram trazidos ao painel obscuro das provas, com o objetivo de auxiliar os entes queridos a removê-las, simplesmente complicam-nas pelo hábito de se fixarem nas trevas, com esquecimento da nossa obrigação de clarear fraternalmente o caminho.

    Que dizer do bombeiro que atirasse petróleo à fogueira, sob o pretexto de extinguir as chamas do incêndio?

    Sempre que as circunstâncias te coloquem no tribunal da própria observação algum quadro de sofrimento ou desequilíbrio, deixa que o ar puro da fé positiva no valor do serviço te ventile a cabeça, e surpreenderás o ângulo propício ao consolo ou à recuperação que te cabe empreender.

Se ouves um comunicado inquietante, descerra as portas da alma à inspiração do otimismo e encontrarás para logo a palavra-chave, destinada à solução dos casos mais aflitivos. Se um amigo te confia decepções e pesares, recorda que o doente procura o médico para reduzir a enfermidade ou suprimi-la e não lhe piores a angústia, pronunciando frases sombrias.

Pessimismo e azedume transformam pequeninos contratempos da vida em desastres grandes do coração.

Ninguém progride ou se aperfeiçoa sem o contato social, o que vale afirmar que é preciso não apenas saber viver, mas também conviver.

O mecanismo das relações humanas, no fundo, assemelha-se à máquina que a indústria aciona em benefício da Humanidade. E para que um engenho vulgar funcione devidamente lubrificado, ninguém se lembrará de atirar-lhe um punhado de areia nas engrenagens com a ideia de liquidar o problema do atrito. Indiscutivelmente, todos necessitamos do óleo da compreensão e da compaixão nas crenas das rodas de nosso entendimento uns com os outros.

Em verdade, o aprendizado evolutivo não dispensa o trabalho da análise. Olhos são instrumentos para ver. Discernimento exige raciocinar. Todos, porém, que já despertaram para a responsabilidade de construir e elevar são chamados a ver e a raciocinar para o bem comum.

Recordemos que se o Senhor nos permite identificar a presença do mal, isso ocorre não para que venhamos a intensificar a esfera de influência do mal e sim para que nos decidamos a cooperar com Ele na supressão da sombra, em benefício da luz.

Nós que conhecemos de perto a importância da beneficência endereçada ao corpo, estendendo alimento e remédio, saibamos praticar a beneficência devida ao espírito, distribuindo o donativo da esperança e a caridade da boa impressão.

3
ANTE AS CRISES DO MUNDO
Comportamento individual perante as crises da sociedade humana

As crises, as dificuldades, os desregramentos do mundo!...

De modo habitual, referimo-nos às provações terrestres, mormente nas épocas de transição, como se nos regozijássemos em ser folha inerte nas convulsões da torrente.

Em verdade, o mundo se encontra em renovação incessante, qual sucede a nós próprios, e, nas horas de transformações essenciais, é compreensível que a Terra pareça uma casa em reforma, temporariamente atormentada pela transposição de linhas e reajustamento de valores tradicionais. Tudo em reexame, a fim de que se revalidem os recursos autênticos da civilização, escoimados da ganga dos falsos conceitos de progresso, dos quais a vida se despoja para seguir adiante, mais livre e mais simples, conquanto mais responsável e mais culta.

Natural que a existência em si mesma, nessas ocasiões, se nos afigure como sendo um painel torturado de paixões à solta.

Costumamos olvidar, porém, que o mundo é o mundo e nós somos nós. Entre o passageiro e o comboio que o transporta, há singulares e inconfundíveis diferenças. Se o veículo ameaça desastre, é possível que o viajante, dentro dele, se converta em ponto de calma, irradiando reequilíbrio.

Assim também, no planeta. Somos todos capazes de fazer cessar em nós qualquer indução à indisciplina ou à desordem. Cada qual pode assumir as rédeas do comando íntimo e estabelecer com a própria consciência o encargo de calafetar com a bênção do serviço e da prece todas as brechas da alma, de modo a impedir a invasão da sombra no barco de nossos interesses espirituais, preservando-nos contra o mergulho no caos, tanto quanto auxiliando aqueles que renteiam conosco na viagem de evolução e de elevação.

Faze-te, pois, onde estiveres, um ponto assim de tranquilidade e socorro. O deserto é, por vezes, imenso; no entanto, bastam algumas fontes isoladas entre si para garantirem a jornada segura através dele. Na ausência do Sol, uma vela consegue acender milhares de outras, removendo o assédio da escuridão.

Que o mundo se encontra em conflitos dolorosos, à maneira de cadinho gigantesco em ebulição para depurar os valores humanos, é mais que razoável, é necessário. Entretanto, acima de tudo, importa considerar que devemos ser, não obstante as nossas imperfeições, um ponto de luz nas trevas, em que a inspiração do Senhor possa brilhar.

4
REVISÃO E REAJUSTE
Retorno às tarefas de construção espiritual

Não afirmes que já não dispões de recursos para a revisão e o reajuste da tarefa edificante que te assegura o acesso à Espiritualidade superior. Detém-te, sobretudo, a refletir na bondade da Divina Providência, que não apenas te aceita os votos de melhoria, mas também te concede os valores do tempo, lembrando, de algum modo, a organização bancária generosa, quando te financia para determinados cometimentos e te reforma os compromissos, na pauta de tuas necessidades.

Terás interrompido a obra que te vinculava a certo grupo de companheiros, dedicados a minorar o sofrimento alheio, mas, se te decides a retomar a beneficência, podes perfeitamente aderir a outra equipe ou formar diferente grupo de corações para o bendito mister do serviço ao próximo.

Desilusões talvez te aniquilaram o canteiro em que cultivavas os primeiros rebentos da esperança e da fé viva;

entretanto, se te dispões à renovação necessária, nada te impede de rearticulá-lo com segurança em bases de novo esforço e sementes novas.

É possível que o assédio de adversários gratuitos te haja provocado reações que, de improviso, te colocaram em regime de incompatibilidade com as ideias nobres que professavas; contudo, se procuras a sublimação dos próprios sentimentos, através de mais compreensão e mais tolerância, a breve tempo recuperarás todas as tuas forças, tanto para aceitar-lhes as críticas indébitas, quanto para aproveitá-las, em benefício de tuas realizações.

Mágoas adquiridas esfriaram-te, provavelmente, o entusiasmo na plantação da verdade e do bem; no entanto, se queres esquecê-las, desculpando com sinceridade inimigos e opositores, depressa descobrirás meios surpreendentes de reaver a confiança no êxito dos encargos que a vida te delegou.

Erros cometidos e ofensas inesperadas, contradições e discórdias, contratempos e desgostos surgem diante de nós, do ponto de vista humano, como sendo convites à inércia, mas, na essência, semelhantes lutas são provas justas e indispensáveis, equivalendo a consultas do plano espiritual, acerca da nossa capacidade de superação das próprias fraquezas, examinando-nos o grau de humildade, entendimento, amor e fé.

Não pretendas estar na posse de qualidades perfeitas, o que pressuporia haveres chegado ainda hoje ao nível dos anjos. Todos somos, por enquanto, Espíritos imperfeitos, nos quadros evolutivos do trabalho que nos compete desenvolver e complementar.

Desacertando, reacertemos.

Errando, abracemos a corrigenda.

Estejamos convencidos, ante a misericórdia de Deus, de que todo dia é tempo de progredir, aprender, melhorar e renovar.

5
RENOVAÇÕES
Renovações inevitáveis da vida

Pausar para refletir ou refazer.
Nunca estacionar para censurar ou lamentar.
Em toda parte e em qualquer tempo, vemos a vitalidade do Universo a exprimir-se incessantemente. Árvores lançam fora de si as folhas inúteis e deitam vergônteas novas. Sementes lembrando fragmentos cadaverizados da Natureza são confiadas à terra que as fecunda, transfigurando-as com o tempo em gigantes do plano vegetal.

Em teu próprio corpo, o princípio da ação constante se manifesta; enquanto te guardas independente na esfera dos próprios pensamentos, milhões de células trabalham em teu favor. Alimentas-te e não te preocupas com os fenômenos da nutrição. Dormes e múltiplas operações fisiológicas se efetuam em ti, sem que precises tomar disso imediato conhecimento.

Queiramos ou não reconhecer a verdade, estamos mergulhados no oceano da Energia Divina, tanto quanto o peixe dentro d'água.

Nós, porém — as criaturas humanas —, somos almas conscientes, erguidas ao regime da responsabilidade pessoal ante os privilégios da razão e, conquanto "existamos e nos movamos em Deus", conforme a feliz assertiva do apóstolo Paulo, somos livres para pensar, imaginar, criar e estabelecer, gerando causas e consequências na esfera de nossos próprios destinos. Daí, a necessidade de nos enquadrarmos nos planos do supremo Pai, quanto à edificação da felicidade de todos, aceitando e abençoando as renovações que se nos façam indispensáveis.

Acreditar na força do bem e cooperar com ela, na sustentação da harmonia geral, é imperativo da Lei Divina, de cuja execução não nos é lícito desvencilhar. Se intimados pelas circunstâncias a necessárias alterações na experiência cotidiana, louvemos a Divina Providência e vejamos como dirigir convenientemente as nossas possibilidades para que se faça o melhor com o nosso auxílio, na obra do progresso e do aprimoramento em nós e fora de nós.

Em quaisquer óbices que nos tentem barrar a jornada evolutiva, procuremos a superação deles, através da ação contínua no bem de todos.

Comparemos a nossa tarefa a um navio lançado ao mar. Tempestades sobrevêm e rochedos surgem, obrigando-nos, muitas vezes, a mudanças de rumo; no entanto, se cada um de nós se mantém fiel no posto de trabalho a que foi conduzido, com aplicação sincera ao próprio dever, nenhum perigo nos impelirá a desastre, porque, se o homem coopera, Deus opera, e se nós — a Humanidade — somos a equipagem na embarcação enorme do mundo, é preciso jamais esquecer que Deus está no leme.

6
ADIVINHAÇÕES
Predições do futuro

Diante dos que usam cultura ou mediunidade para traçar prognósticos, acerca do futuro, não é necessário dizer que nos cabe acompanhar-lhes as experiências com a melhor atenção.

A Ciência é neta da curiosidade e filha do estudo. A Alquimia da Idade Média iniciou as realizações da Química moderna. De certa maneira, os astrólogos do pretérito começaram a obra avançada dos astrônomos de hoje.

O conhecimento nasce do esforço de quantos se dedicam a desentranhá-lo da obscuridade ou da ignorância. No entanto, do respeito aos irmãos de Humanidade que se consagram ao mister da adivinhação, não se infere que devemos aceitar-lhes cegamente as afirmativas. Especialmente no que se reporte a profecias inquietantes, é imperioso ouvi-los com reserva e discrição, porquanto estamos informados pela Doutrina Espírita de que não existe a predestinação para o mal.

Renascemos na Terra, indubitavelmente, com as nossas tendências inferiores e com os nossos débitos, às vezes escabrosos, por ressarcir, mas isso não significa que estejamos obrigados a reincidir em velhas ilusões ou reacomodar-nos com a força das trevas.

O aluno regressa à escola na condição de repetente, ou se encaminha para os exames de segunda época, a fim de se firmar na dignidade do ensino em que se comprometeu.

Clarividentes que desenvolveram faculdades psíquicas, fora do esclarecimento espírita-evangélico, podem recolher observações infelizes a nosso respeito, seja relacionando cenas de nosso passado culposo ou descrevendo quadros menos dignos, projetados mentalmente sobre nós pelas ideias enfermiças daqueles que se fizeram nossos inimigos em outras eras; e das palavras que articulam podem surgir sombrios vaticínios ou apontamentos desencorajadores, tendentes a enfraquecer-nos a coragem ou aniquilar-nos a esperança. Oponhamos, porém, a isso a certeza de que estamos reformando causas e efeitos diariamente, em nosso caminho, na convicção de que a Divina Providência nos oferece, incessantemente, através da reencarnação, oportunidades e possibilidades ao próprio reajuste perante as leis da vida, armando-nos de recursos e bênçãos, dentro e fora de nós.

Conquanto estudando sempre os fenômenos que nos rodeiam, abstenhamo-nos de admitir o determinismo do erro, do desequilíbrio, da queda ou da criminalidade.

Hoje é e será constantemente a ocasião ideal para transformarmos maldição em bênção e sombra em luz. Ergamo-nos, cada manhã, com a decisão de fazer o melhor ao nosso alcance e reconheçamos que o próprio Sol se deixa contemplar, nos céus, de alvorecer em alvorecer, como a declarar-nos que o Criador supremo é o Deus da Justiça, mas também da Misericórdia, da Ordem e da Renovação.

7
PÁGINA DO CAMINHO
No entrechoque das paixões humanas

Surpreenderás no caminho cotidiano o entrechoque das paixões, provocando rancores ferozes!... E observarás, em torno, os que se revoltam contra a cruz salvadora que carregam, os que oprimem os fracos, os que se bandeiam para as regalias da sombra e os que transformam a perturbação alheia em trampolim para a escalada ao poder.

Compadecer-te-ás de todos — de todos os que desconhecem ou pretendem desconhecer o amor para que foram criados — mas, entre os que passam indiferentes à penúria dos seus irmãos, deter-te-ás no amparo aos infelizes e serás, junto deles, a mão confortadora e o serviço fiel.

Recordarás o bom samaritano que não se preocupou em apontar os malfeitores que haviam espoliado o viajante indefeso, e, sim, em vez disso, se inclinou, compassivo, para o companheiro tombado no infortúnio, de modo a conchegá-lo ao coração.

Os mentores da crueldade são suficientemente desditosos por si mesmos e serão defrontados, no espaço e no tempo, pelas forças coercitivas dos tribunais da justiça oculta a lhes coibirem a expansão. Não precisas identificá-los, a pretexto de corrigenda, porque já contam com o número imenso daqueles que os procuram a fim de expô-los à censura e ao sarcasmo.

Serás a lâmpada acesa para os caídos na cegueira da negação; o apoio dos que tropeçam na estrada, estonteados de sofrimento; a boa palavra que reajuste o ânimo dos que jazem traumatizados pelo assalto das trevas e a esperança dos últimos!...

Quando alguém te requeste aos ímpetos da reação, perante os males que corroem a vida, lembra-te de que um golpe sobre outro golpe apenas consegue agravar a ferida e dispõe-te a socorrer os que esmorecem no desânimo ou caem de angústia.

Não percas tempo indagando quanto aos méritos da bondade, porquanto, se alguns raros companheiros do mundo te escarnecem da compaixão, malversando-te os benefícios, a bondade que praticares será sempre revertida em teu favor.

Envolve o raciocínio no halo do entendimento e deixa que o amor te comande os menores impulsos da alma, para levantar e lenir, esclarecer e ajudar onde estiveres.

A vida triunfante é luz imperecível, impelindo-nos no rumo das Esferas superiores; entretanto, encerra consigo a rude batalha da evolução, em que todos somos compulsoriamente engajados na condição de Espíritos eternos, a fim de conquistá-la!...

Encontro marcado

De alma incompreendida, esquece a ti mesmo e faze-
-te o consolo e a bênção dos que se arrastam humilhados
e abatidos na retaguarda, e, ainda mesmo que todos os
poderes do mal se conjuguem, ao redor de ti, no intuito
de apagar a chama de tua fé na vitória do bem, auxilia e
ama sempre, na convicção de que, de todos os ambientes
da Terra, a presença da caridade é e será constantemente
o mais alto clima da existência, para o encontro de nossa
necessidade com o suprimento de Deus.

8
CARIDADE E RAZÃO
Raciocinar para conversar com proveito

Indiscutivelmente estamos ainda muito longe da educação racional. Conquanto necessitados de ponderação, agimos, via de regra, sob o impulso de alavancas emotivas acionadas por sugestões exteriores.

De modo geral, muito antes de que nos decidamos a discernir, assimilamos ideias que nos são desfechadas por informações e exibições que nem sempre se vinculam à verdade e passamos a esposar opiniões que, comumente, nos induzem a desastres morais no comboio da existência.

Habitua-te a essa realidade e não te entregues às impressões tumultuárias que porventura te visitem o coração. Com isso, não te queremos pedir para que te transformes em palmatória de corrigenda ou para que apresentes ouvidos de pedra à frente dos semelhantes. Às vezes, há muito mais caridade na atenção que no conselho. Fraternalmente, escuta o que se te diga e observa o que vês, sem escandalizar os interlocutores ou ferir os companheiros de romagem terrestre, opondo-lhes censuras ou contraditas que apenas lhes agravariam as dificuldades e os problemas. Em vez disso, aprendamos a filtrar aquilo que nos alcance o campo íntimo, aproveitando os elementos que se façam úteis aos outros e a nós mesmos, e esquecendo tudo — mas realmente tudo — o que não nos sirva à construção do melhor.

Conversação, na essência, é permuta de almas. Através da palavra, damos e recebemos. Isso, porém, não se refere a doações e recepções teóricas. Entendendo-nos uns com os outros, fornecemos e adquirimos determinados recursos de espírito, que influirão em nossa conduta, e a nossa conduta forma a corrente de planos, coisas, encontros e realizações que nos determinarão o destino. Escolha de hoje no livre-arbítrio será consequência amanhã. Causa de agora será resultado depois.

Cultivemos harmonia, à frente de tudo e de todos; no entanto é preciso que essa atitude de entendimento não exclua de nossa personalidade o otimismo irradiante, a sinceridade construtiva, o reconforto da intimidade e a alegria de viver. Em suma, diante de todos e de tudo, deixemos que a caridade nos ilumine o crivo da razão, a fim de que não venhamos a perder os melhores valores do tempo e da vida, por ausência de equilíbrio ou falta de amor.

9
EXPERIÊNCIAS PESSOAIS
Experiências perigosas na
esfera dos entes queridos

Sustentar a campanha de esclarecimento contra a influência do mal, preservando-nos contra a criminalidade, é dever nosso.

Em nos referindo, porém, ao plano familiar, surge sempre o instante em que somos constrangidos a ver alguns dos nossos entes queridos à beira de experiências pessoais que consideramos difíceis ou dolorosas.

Nessas ocasiões, supomos perceber toda a extensão dos perigos a que se expõem e costumamos temer por eles; às vezes, caminham na direção de graves riscos que conhecemos de oitiva; noutras circunstâncias, dirigem-se para situações embaraçosas, em cujas correntes de sombra admitimos haver, noutro tempo, sofrido ou navegado.

Que fazer em lances desses, nos quais surpreendemos corações amados, à feição de viajores desprevenidos, escalando o monte agressivo da tentação, ameaçados por avalanches que talvez lhes arrasem as melhores possibilidades da existência?

Antes de tudo, reconheçamos que nenhuma criatura se sente feliz com as nossas intervenções indébitas, no sentido de lhes cercear a liberdade de tentar, por si mesmas, a construção da própria felicidade.

Cada um de nós é um mundo por si, porque o Criador nos dotou a cada um de características individuais, inconfundíveis.

Emoções e pensamentos, tanto quanto as impressões digitais, variam de pessoa a pessoa; consequentemente, determinados caminhos que nos fizeram menos felizes, em outra época, serão provavelmente os mais adequados à edificação da vitória espiritual sonhada pelos entes que amamos, enquanto que certas criaturas que nos parecem menos simpáticas serão possivelmente as mais capazes de resolver-lhes os problemas que, talvez, sem o concurso dessas mesmas criaturas, permanecessem indefinidamente insolúveis. Por outro lado, as circunstâncias que rodeiam agora os seres que abençoamos com a nossa extremada afeição podem não ser idênticas àquelas com que fomos defrontados, nos dias que se foram, e, muitas vezes, nas condições em que falimos, revelar-se-ão eles muito mais vigorosos que nós mesmos, impondo-se a ocorrências desagradáveis e criando talvez respeitáveis padrões de conduta para o reconforto e a segurança de muitos.

Tenhamos, assim, suficiente cautela para não ferir a independência pessoal daqueles a quem amamos, neles enxergando filhos de Deus, quanto nós próprios, com necessidades semelhantes às nossas, guardando o direito de construir suas vidas, segundo o preço das experiências que se proponham a pagar, no mesmo critério com que temos resgatado o custo das nossas. E sempre que os vejamos em supostos perigos, saibamos que a melhor forma de auxílio que lhes poderemos prestar será invariavelmente o amparo da oração e a bênção da boa palavra, com que se sintam encorajados a trabalhar e servir, lutar e vencer com o apoio do bem.

10
ASSISTÊNCIA PARTICULAR
Serviço pessoal de beneficência

Serás uma coluna sólida para a sustentação do instituto de fraternidade a que pertenças; no entanto, terás também a tua obra de assistência particular.

Não te limitarás, contudo, a desfazer os obstáculos de natureza estritamente material. Transportarás contigo os tesouros do coração em disponibilidade constante, de tal maneira que os outros possam sacar de tua alma as quotas de amparo moral de que precisam para o desempenho das tarefas que a vida lhes assinala.

Começarás no ambiente doméstico. Ouvirás com paciência as opiniões contraditórias do parente difícil, e prestarás o serviço que as circunstâncias te exijam, incluindo os encargos humildes, considerados de servidão.

Na oficina de trabalho ou no templo de tua fé, não esperarás que o chefe, o diretor, o colega, o companheiro ou o subordinado pronunciem reclamações para resolver os problemas, cuja presença reconheces, e sim desenvolverás esforço máximo para que a harmonia e a segurança permaneçam resguardadas na equipe, evitando qualquer ruptura nos mecanismos da ação. E, no giro dos passos cotidianos, seja na rua ou no ônibus, não te recusarás a estender o braço amigo ao doente ou à criança, sob o pretexto da falta de tempo; abster-te-ás de tomar a atenção dos balconistas, quando o horário de trabalho esteja findo, ponderando que eles, possivelmente, estarão presos a compromissos familiares que nunca te pesaram nos ombros; pagarás tuas dívidas com o senso da exatidão, sem desprezar as contas singelas, reconhecendo que alguns cruzeiros constituem subida importância entre muitos daqueles que te honraram com pequeninos serviços; dirás "muito obrigado" à telefonista ou à costureira que te atenderam as solicitações; agradecerás com uma boa palavra ao transeunte a quem pediste um esclarecimento e que te ajudou com gentileza, sem o dever de te auxiliar; não censurarás o moço do armazém, quando traga uma encomenda em regime de atraso, lembrando-te de que ele estará atravessando provas ocultas, que talvez não suportarias, chorando no íntimo e satisfazendo, ao mesmo tempo, os imperativos da profissão.

    Diariamente, todos somos chamados às realizações de essência social. Atende à tua empresa particular, nesse sentido. Age, porém, de tal modo que o mal não venha a surgir provocando contenção. Seja onde for, tanto quanto possível, faze o bem antes dele.

11
EM LOUVOR DOS OUTROS
Necessidade de beneficência

Quando alguém te induza a esquecer o impositivo do amparo aos outros, pensa em ti mesmo.

Observa as provações que te rodeiam os próprios passos, malgrado as facilidades que te coroam a vida.

Tens a casa relativamente farta, com as refeições a teu gosto, e sofres o impacto de lutas que te amargam as horas; pensa naqueles que atravessam a existência não somente supliciados de angústia, mas também absolutamente desprovidos de teto a que se acolham.

Tens suficiente conforto material para ofertar aos descendentes queridos e podes brindá-los com apoio cultural, preparando-os dignamente para o trabalho e, muitas vezes, sofres com eles preocupações inquietantes, que te furtam qualquer disposição à tranquilidade; pensa naqueles que não apenas se atormentam com as inibições e necessidades dos filhos do coração, mas também carregam a dor inexprimível de sabê-los relegados à doença e à penúria, por falta de recursos essenciais à própria sustentação.

Tens repouso e remédio para as ocasiões de refazimento e cansaço, e sofres opressiva ansiedade à frente dos problemas que te surgem na vida, obrigando-te a caminhar qual se estivesses sob chuva de brasas; pensa naqueles que não somente suportam a cabeça esfogueada de aflição, mas também não dispõem da menor possibilidade de descanso e medicação para as horas de sofrimento.

Tens contigo os tesouros da instrução que te abrem as portas ao intercâmbio com os mais belos espíritos da Humanidade, através da palavra escrita, e sofres desorientação ou incerteza, quando as provas te desafiam; pensa naqueles que não apenas desconhecem a direção espiritual, mas também não possuem quaisquer meios de acesso ao auxílio mais amplo da inteligência por haverem transitado na infância e na juventude sem o socorro da escola.

Conservas disponibilidades preciosas e conheces, de perto, suplícios físicos e morais que te fazem solicitar do Senhor amparo e inspiração nos instantes difíceis; pensa naqueles que resistem a provações muito mais ásperas que as tuas, sem arrimo que lhes favoreça o consolo ou a restauração.

Reflete nisso e deixa que a beneficência te inspire a jornada na Terra.

A caridade é luz da vida superior, cujos raios reconstituem a saúde e a alegria da alma, na condição de terapia divina. Por ela, deitarás bálsamo curativo nas grandes chagas alheias e, com ela, tornarás, cada dia, para as tuas dores menores, rendendo graças a Deus.

12
NA HORA DO PERIGO
Ação pessoal nas crises das boas obras

Quando aparece o momento de fracasso, na esfera das boas obras, ouve-se comumente a repetição de afirmativas feitas:
— Eu bem disse...
— Avisei muito...
— Ninguém esperava por essa...
— Se a responsabilidade estivesse em minhas mãos, isso nunca sucederia...
— Foi muita imprevidência...
— Se eu soubesse antes, agiria de outra forma...

Depois de cada frase, alinham-se os comentários. Interpretações deprimentes, versões fesceninas, maldições, boatos.

Convençamo-nos, porém, de que advertências ou queixas tardias não adiantam. Não vale reclamar à frente dos escombros de casa caída. Urge verificar a extensão do desastre e socorrer as vítimas. Suar na remoção dos destroços e rearticular possibilidades. Estabelecer a calma e selecionar o que se faça útil.

Nas crises das boas obras, é preciso atender igualmente a isso. Aprender a recomeçar vezes e vezes. Sofrer e seguir adiante. Contar com dificuldade, censura, impedimento, solidão.

Em se tratando de ti mesmo, não percas tempo, chorando ou lastimando quando é justamente a hora de agir. Perante as complicações inevitáveis, é imperioso te disponhas a colaborar com mais segurança na vitória do bem. Se surge o problema da deserção nas fileiras, abençoa os companheiros que não puderam prosseguir em ação e, tanto quanto seja possível, coloca nos próprios ombros a carga de responsabilidades que te deixaram aos pés. Eles retornarão quando as forças lhes permitirem e saberão agradecer-te o concurso.

Quanto às dúvidas prováveis que possas manter em relação às próprias energias para a sustentação dos deveres em marcha, convence-te de que nenhum de nós possui recursos suficientes para executar plenamente as realizações do Evangelho; entretanto, acima de tudo, crê no amor e no poder de Jesus, que te aceitou a cooperação. Nele encontramos luz na obscuridade e complementação na fraqueza. Ele te fará superar todos os empeços. E se te entregas fielmente à proteção dele, sem que saibas definir ou sequer imaginar, quando te reconheças em meio de perigos supremos, na onda revolta das tentações e dos problemas, e nada mais esperes senão soçobrar, sentir-lhe-ás a vigorosa mão sobre a tua e aprenderás, por fim, no grande silêncio da alma, que Ele, o Senhor, em teu coração e em tua fé, pode realizar tudo aquilo que te parece impossível.

13
EM PAZ DE CONSCIÊNCIA
Reconsideração na vida interior

Alguns instantes de reconsideração e perceberemos que, em muitas ocasiões, nós mesmos sobrecarregamos a mente de inquietações, com as quais, em verdade, nada temos que ver.

Nesse aspecto de nossas dificuldades espirituais, assemelhamo-nos a criaturas invigilantes que arrematassem os débitos desnecessários dos outros, permitindo-nos cair sob a hipnose de forças destrutivas a que se afazem alguns dos nossos parceiros de experiência.

Justo compartir as provações do próximo, quando essas provações se lhe vinculem ao aprimoramento, mas por que arrecadar os disparates estabelecidos voluntariamente por aqueles que lhes patrocinam o nascedouro?

Comumente, estragamos grande parte do dia entregando-nos a aflições inúteis, com as quais em nada melhoramos a condição daqueles que lhes deram origem; muito ao contrário, em lhes hipotecando apreço, ei-las que se ampliam, transformando-se, vezes e vezes, em instrumentos de obsessão ou desarmonia, enfermidade ou delinquência.

Imunizemo-nos contra a absorção de venenos mentais, em cuja formação não tivemos o menor interesse.

Se um companheiro infringiu as disposições da lei, convencidos quanto estamos de que todo reajuste surgirá pelo sofrimento, para que agravar a situação com apontamentos cruéis?

Alguém ter-nos-á caluniado ou insultado, fermentando difamação ou veiculando boatos, sem lograr abrir a mínima brecha na fortaleza tranquila de nosso mundo interior... Por que perder tempo ou conturbar o coração, se o problema pertence ao maldizente ou ao caluniador, que responderão, sem dúvida, pelos males que causem?

Tenhamos as nossas oportunidades de serviço, alegrias da vida íntima, afeições verdadeiras e tarefas construtivas em mais alto conceito, recebendo-as por bênçãos de Deus, que nos cabe valorizar e enriquecer com reconhecimento, trabalho, amor e lealdade aos próprios deveres.

Se erramos, retifiquemos nós mesmos, reparando, com sinceridade, as consequências de nossas faltas; no entanto, se a obrigação cumprida nos garante a consciência tranquila, quando a provocação das trevas nos desafie, tenhamos a coragem de não conferir ao mal atenção alguma, abstendo-nos de passar recibo em qualquer conta perturbadora que a injúria ou a maledicência nos queiram apresentar.

14
CÓLERA E NÓS
Prejuízos da irritação

Não farias explodir uma bomba dentro de casa, comprometendo a vida daqueles que mais amas. No entanto, por vezes, não vacilamos em detonar a dinamite da cólera, aniquilando as energias dos companheiros que nos trazem apoio e cooperação.

Nesse sentido, vale destacar que cada um de nós desempenha papel determinado na construção do benefício comum; e se contamos, na execução dos nossos deveres, com amigos abnegados, capazes do mais alto sacrifício em nosso favor, temos, ainda, nas linhas da existência, aqueles espíritos que se erigem à condição de nossos credores, com os quais ainda não nos quitamos, de todo, no terreno das contas pessoais, transferidas à contabilidade de hoje pelo saldo devedor de passadas reencarnações. Ocultos na invisibilidade, por efeito da diferença vibratória no estado específico da matéria sutil em que se localizam, quando desencarnados, ou mesmo revestidos na armadura de carne e osso, no plano físico, eles se instalam na sombra da antipatia sistemática ou da perseguição gratuita, experimentando-nos com persistência admirável os propósitos e testemunhos de melhoria interior.

    É assim que vamos vencendo em exames diversos, opondo valores morais entesourados na alma ao assédio das provas, como sejam paciência na adversidade, resistência na dor, fé nos instantes de incerteza e generosidade perante as múltiplas solicitações do caminho... Chega, porém, o dia em que somos intimados ao teste da dignidade pessoal. Seja pelo dardo do insulto ou pelo espinho da desconsideração, somos alvejados no amor-próprio, e, se não dispomos suficientemente de humildade e compaixão, eis que a altivez ferida se assemelha em nós ao estopim afogueado de que a cólera irrompe em fuzilaria de pensamentos descontrolados, arruinando-nos preciosas edificações espirituais do presente e do futuro.

    Estejamos alertas contra semelhante poder fulminativo, orando e abençoando, servindo e desculpando, esquecendo o mal e restaurando o bem.

    Decerto, nem sempre a doçura pode ser a marca de nosso verbo ou de nossa atitude, porquanto, momentos surgem nos quais o bem geral reclama a governança da providência rija ou da frase salgada de advertência, mas é preciso não olvidar que a cólera a nada remedeia, em tempo algum, e que, além de tudo, ela estabelece fácil ganho de causa a todos aqueles que, por força de nossa evolução deficitária, ainda se nos alinham, nas trilhas da existência, à conta de nossos inimigos e obsessores.

15
PERANTE OFENSAS
Compreensão e tolerância

Reportando-nos às ofensas que porventura nos conturbem a caminhada, recordemos os tesouros de orientação e discernimento que nos felicitam a alma.

Compete-nos a obrigação de reconhecer que nós, os espíritos encarnados e desencarnados que hoje nos devotamos ao Evangelho explicado pela Codificação Kardequiana, guardamos elucidações em torno das realidades essenciais da vida e do Universo em grau de esclarecimento e convicção que a maioria dos profitentes de muitas das escolas religiosas da Terra estão longe de alcançar.

Conhecemos, raciocinadamente:
- a vida além da morte;
- a responsabilidade compulsória da consciência de cada um, na lei de causa e efeito; o intercâmbio do mundo espiritual com o mundo físico;
- a reencarnação;

- o problema das provas;
- o impositivo de esquecimento de todo mal;
- a necessidade constante da prática do bem;
- a mediunidade com os fatos que lhe são consequentes;
- o princípio das afinidades com os imperativos da sintonização fluídica;
- a obsessão visível e a obsessão oculta;
- o degrau evolutivo em que cada criatura se coloca;
- a diferença entre cultura do cérebro e direção do sentimento.
- Por outro lado, recebemos favores constantes, como sejam:
- a interpretação clara das lições de Jesus;
- o consolo e a advertência de amigos domiciliados em planos superiores;
- o benefício da prece espontânea sem o constrangimento de quaisquer preceitos convencionais;
- a intervenção fraternal no socorro aos Espíritos infelizes;
- a cooperação do magnetismo sublimado e múltiplas expressões de auxílio que vão da palestra doutrinária às mais elevadas demonstrações de carinho e abnegação da Espiritualidade maior.

É razoável concluir, assim, que se nós, os que sabemos tanto da verdade e recolhemos tanto amparo, ainda ofendemos a outrem sem perceber, como exibir demasiada severidade perante aqueles irmãos da Humanidade que nada recebem do muito que conhecemos e recebemos?

Reflitamos nisso e abramos o coração ao entendimento e à misericórdia, porquanto somente pelo cultivo da misericórdia e do entendimento é que encontraremos, em nós mesmos, a força do amor capaz de garantir em nós e fora de nós a construção do Reino de Deus.

16
DEUS E NÓS
Nossa tarefa pessoal na Obra Divina

Indubitavelmente, Deus, nosso Pai e Criador, fará que a Terra alcance a perfeição, mas é preciso descobrir a parte de trabalho que nos compete, na condição de filhos e criaturas de Deus, no aprimoramento geral, a começar de nós e a refletir-se fora de nós.

Clareando o pensamento exposto, digamos que Deus necessita de nós outros, conquanto não nos constranja o livre-arbítrio à cooperação; e vale notar que, através das operações que nomeamos por "nossos deveres imediatos", é possível saber a que tarefas somos conduzidos.

Detém-te, assim, de quando em quando, para considerar os encargos de que a Providência Divina te incumbiu, de modo indireto, no quadro das lides cotidianas.

Deus é a Paternidade suprema. Em razão disso, terá concedido ao teu coração um ou alguns dos seus filhos, no instituto da consanguinidade, a fim de que o ajudes a moldar-lhes o caráter, embora te vejas temporariamente, muitas vezes, em absoluto esquecimento de ti mesmo, para que a abnegação atinja a sua obra completa.

Deus é Amor. Em vista de semelhante verdade, ele te pede que ames o próximo, de tal maneira que te transfigures em mensagem viva de compreensão e socorro fraternal a cada irmão da Humanidade que te partilhe a experiência.

Deus é Misericórdia. Fácil reconhecer que ele aguarda lhe adotes as normas de tolerância construtiva, perdoando quantas vezes se fizerem necessárias o companheiro que se terá desviado da senda justa, propiciando-lhe novas oportunidades de serviço e elevação, no nível em que se coloque.

Deus é Trabalho. Imperioso aceitar as pequenas obrigações do dia-a-dia, quais sejam o trato da terra, o zelo da casa, a lição a ser administrada ou recebida, o compromisso afetivo, o dever profissional ou até mesmo a proteção a uma flor, na altura de tarefas que ele te solicita realizar com alegria, em favor da paz e da eficiência nos mecanismos da vida.

Observa em derredor de ti e reconhecerás onde, como e quando Deus te chama em silêncio a colaborar com Ele, seja no desenvolvimento das boas obras, na sustentação da paciência, na intervenção caridosa em assuntos inquietantes para que o mal não interrompa a construção do bem, na palavra iluminativa ou na seara do conhecimento superior, habitualmente ameaçada pelo assalto das trevas.

Sem dúvida, em lugar algum e em tempo algum, nada conseguiremos, na essência, planejar, organizar, conduzir, instituir ou fazer sem Deus; no entanto, em atividade alguma, não nos é lícito olvidar que Deus igualmente espera por nós.

17
EM TODOS NÓS
Renovação natural em nós mesmos

Não podes negar que tiveste o espírito ferido, nos dias que se foram, em situações desagradáveis, das quais te ficou na memória a figura de alguém por presença difícil. Daí não se infere que devas carregar no coração o retrato desse alguém conservado em vinagre.

Importa reconhecer que renovação e entendimento são cultiváveis no solo da alma, como acontece a qualquer vegetal nobre que não prescinde da cuidadosa atenção do agricultor.

Estabelecido esse princípio, podemos iniciar o trabalho da rearmonização, imaginando que depois das situações desagradáveis, a que nos reportamos, é provável que tenhamos ficado na lembrança da criatura categorizada por nós, na condição de presença difícil, como sendo uma presença mais difícil ainda. Desse reconhecimento, será justo partir para a supressão definitiva do mal, afinando as cordas do sentimento pelo diapasão da tolerância, a fim de que não venhamos a falhar na execução da parte que nos compete, na orquestra da fraternidade humana, de que Jesus é para nós o Dirigente perfeito.

Nesse sentido, vale refletir na presença dele, o Senhor, em nosso campo íntimo.

De ensinamento a ensinamento e de bênção a bênção, sem percebermos o mecanismo de semelhante metamorfose, o coração se nos transforma, se lhe aceitamos, em verdade, a liderança e a tutela. Sombras de mágoas, preconceitos, ressentimentos, pontos de vista e opiniões descabidas vão cedendo lugar, na floresta de nossos pensamentos obscuros, a clareiras de luz que acabam por mostrar-nos a infantilidade e a inconveniência das nossas atitudes menos felizes, à frente do próximo.

Convençamo-nos de que o Cristo de Deus, que opera benditas renovações no templo de nossa vida interior, realiza esse mesmo trabalho no âmago dos outros. Diante, assim, de nossos adversários, sejam eles quais forem, indiscutivelmente não será razoável adotar irresponsabilidade ou bajulação para com desequilíbrio ou leviandade, sob o pretexto de se estabelecer a concórdia, mas conservemos respeito e simpatia, orando por eles e abençoando-lhes a existência, na certeza de que o Senhor está agindo no coração deles e operando em silêncio, nas entranhas de nossa alma, renovando-nos e aprimorando-nos, de modo a que hoje, aqui, amanhã, mais tarde ou mais além, venhamos a reunir-nos todos, na posição de filhos de Deus, sem tisna de separatividade ou melindre, para trabalharmos, integrados finalmente uns com os outros, na construção do Reino do Amor.

18
DIANTE DA REBELDIA
Obediência e rebeldia

Quando o espírito de rebeldia se te aproxime do coração, segredando frases como estas: "não adianta fazer o bem" ou "não mereces sofrer", aguça os ouvidos da própria alma para que possas recolher as grandes vozes inarticuladas da vida.

No alto, constelações que te habituaste a admirar, dizem-te ao pensamento: "antes que o teu raciocínio nos visse a luz, já obedecíamos ao supremo Senhor para servir", enquanto que a Terra te afirmará: "não és mais que um hóspede dos milhões que carrego há milênios". Em torno de ti, a árvore falará: "esforço-me de janeiro a dezembro a fim de dar os meus frutos por alguns dias, em nome do Criador; entretanto, além disso, preciso tolerar o rigor ou a diferença das estações, aprendendo a memorizar", e o animal te confessará: "vivo debaixo do teu arbítrio e fazes de mim o que desejas, por séculos e séculos, porque devo sofrer-te as ordens, sejam quais forem, para que eu possa, um dia, sentir como sentes e pensar como pensas".

Medita na tolerância maternal da Natureza que transforma o carvão em diamante, através de décadas e décadas de silêncio, e traça caminhos na pedra usando a persistência da gota d'água. Contempla a peça de aço polido e reflete em que ela jamais seria o que é sem os golpes do fogo, que lhe ajustaram os elementos, e, quando sacies a própria fome, dedica um instante de reconhecimento ao pão de que te serves, recordando que nunca lhe terias a bênção se a humildade não lhe caracterizasse a tarefa.

Não interpretes a disciplina por tirania e nem acuses a obediência de escravidão.

Trabalha e serve com alegria.

Oferece à paz de todos o concurso que a harmonia te pede.

Rebeldia é orgulho impondo cegueira ao coração.

Não há progresso sem esforço, vitória sem luta, aperfeiçoamento sem sacrifício, como não existe tranquilidade sem paciência.

Reflete na Infinita Bondade que preside o Universo, a cercar-nos de amor, em todas as direções, e reconheceremos que se transformações dolorosas, no campo da existência, muita vez nos transfiguram em crisálidas agoniadas de aflição, ao impacto das provações necessárias, a dor é o instrumento invisível de que Deus se utiliza para converter-nos, a pouco e pouco, em falenas de luz.

19
TEU RECANTO
Influência individual

Quando se te fale de paz e felicidade no mundo, reporta-te ao serviço que a vida te confiou.

Efetivamente, não podes acionar alavancas que determinem tranquilidade e ordem para milhões de pessoas; no entanto, é justo assegures a harmonia de teu recanto. Seja ele uma casa de vastas dimensões, um pequeno apartamento ou apenas um ângulo de quarto estreito, esse é o teu mundo pessoal que povoas mecanicamente com as tuas forças mentais consubstanciadas naquilo que sentes e sonhas. É razoável que coloques nele o que possuas de melhor. A limpeza digna e os pensamentos nobres, os planos de ventura e os anseios de progresso. Aí conviverás com as meditações e as páginas que te levantem o espírito aos planos mais elevados e pronunciarás as palavras escolhidas do coração para ajudar e abençoar.

Nessa faixa de espaço, recolherás as impressões menos felizes dos outros em torno da vida, de modo a reformulá-las sensatamente com o verbo otimista e edificante de que dispões, aperfeiçoando e abrilhantando as ideias e opiniões que te procurem a convivência.

Embalsamarás esse lugar pequenino com as vibrações de tuas preces, nelas envolvendo os amigos e adversários, endereçando a cada um deles a tua mensagem de entendimento e concórdia, daí saindo, de sol a sol, a fim de espalhares o melhor de ti mesmo, a benefício dos semelhantes, a começar do reto cumprimento das tuas obrigações.

Toda vez que venhas a escutar comentários alarmantes, acerca das convulsões da Terra ou dos problemas cruciantes da Humanidade, reporta-te ao teu recanto e recomeça nele, cada dia, o serviço do bem.

Todos possuímos situação particular, perante a Providência Divina, tanto quanto possuímos exato lugar à frente do Sol.

Considera a importância da tarefa em tuas mãos para o engrandecimento da vida. Tudo o que existe de grande e belo, bom e útil, vem originariamente do Criador por intermédio de alguma criatura, em alguma parte. Examina o que sentes, pensas e fazes, no lugar em que vives.

Teu recanto — tua presença.

Onde estiveres, estás produzindo algo, diante do próximo e diante de Deus.

20
NA HORA DO DESÂNIMO
Nunca desanimar na seara do bem

Desânimo em ação espírita-cristã é francamente injustificável.

Vejamos alguns apontamentos, suscetíveis de confirmar-nos o asserto.

Se fomos ludibriados, na expectativa honesta em torno de pessoas e acontecimentos, o desânimo nos indicaria o propósito de infalibilidade, condição incompatível com qualquer Espírito em evolução; se incorremos em falta e caímos em desalento, isso mostraria que andávamos sustentando juízo excessivamente benévolo, acerca de nós mesmos, quando sabemos que, por agora, somos simples aprendizes na escola da experiência; se esmorecemos na tarefa que nos cabe, tão-só porque outros patenteiem dentro dela competência que ainda estamos longe de alcançar, nossa tristeza destrutiva apenas nos revelaria a reduzida disposição de estudar e trabalhar, a fim de crescer, melhorar-nos e merecer; se nos desnorteamos em amargura pelo fato de algum companheiro nos endereçar determinada advertência, nesse ou naquele passo da vida, tal atitude somente nos evidenciaria o orgulho ferido, inadmissível em criaturas conscientes das próprias imperfeições; se entramos em desencanto porque entes amados estejam tardando em adquirir as virtudes que lhes desejamos, certamente estamos provisoriamente esquecidos de que também nós estagiamos, no passado, em longos trechos de incompreensão e rebeldia.

Claramente, ninguém se rejubila com falhas e logros, abusos e desilusões, mas é preciso recordar que, por enquanto, nós, os seres vinculados à Terra, somos alunos no educandário da existência e que Espíritos bem-aventurados, em níveis muito superiores ao nosso, ainda caminham encontrando desafios da vida e do Universo, a perseverarem no esforço de aprender.

Regozijemo-nos pela felicidade de já albergar conosco o desejo sadio de educar-nos, e, toda vez que o desânimo nos atire ao chão da dificuldade, levantemo-nos, tantas vezes quantas forem necessárias para o serviço do bem, na certeza de que não estamos sozinhos e de que muito antes de nossos desapontamentos e de nossas lágrimas, Deus estava no clima de nossos problemas, providenciando e trabalhando.

21
SERVIR SEMPRE
A faculdade de auxiliar

Toda vez que o desalento te assome ao caminho, não deixes que ele ultrapasse as linhas da sugestão distante. Ergue-te em espírito, recordando que deténs a mais alta faculdade da vida: a faculdade de auxiliar.

Empenha-te ao bem que possas fazer de imediato:
- algumas horas de colaboração gratuita nas casas beneficentes, onde jazem irmãos nossos encadeados a sofrimentos que talvez nunca, nem de longe, sentiste na própria pele;
- o gesto de amparo, em favor de uma das muitas crianças que conheces desprotegidas;
- o bilhete confortador para algum daqueles companheiros em prova, com os quais estejamos em débito no setor da palavra escrita;
- a visita mesmo rápida aos enfermos em solidão para quem a tua frase amistosa será um tesouro de lenitivos;

- a obra singela de entendimento e fraternidade, no socorro ao lar de alguém;
- a bagatela de ação, no auxílio aos irmãos que, por necessidade de segregação curativa, foram emparedados na cadeia ou no manicômio;
- alguma pequenina doação de serviço à Natureza que funcionará em benefício de todos.

Não te permitas conviver com o desalento sob qualquer forma de manifestação.

Uma hora de desânimo é capaz de arrojar-te a largo tempo de angústia, enquanto um minuto de cooperação no amparo a outrem pode ser o ponto fulgurante de partida para mais altos destinos.

Milhares de oportunidades para a construção do bem te desafiam a cada passo.

Arcturo é uma estrela de potência muito mais elevada que a do Sol que nos ilumina e, conquanto seja preciosa fonte de estudos, não consegue estender um pedaço de pão ao viajante cansado que esmorece de fome.

Diante de fraquezas, deserções, obstáculos, desgostos e mesmo à frente dos próprios erros, continua trabalhando.

O bem extingue o mal.

Desânimo é praga que arrasa serviço.

Sabemos que o tempo é o nosso mais valioso recurso perante a vida; mas tempo, sem atividade criadora, tão somente nos revela o descaso perante as Concessões Divinas.

Se não acreditas no poder do trabalho, observa a tarefa que realizas, junto de outra que ficou por fazer.

22
A FACE OCULTA
Necessidade da compaixão
em qualquer julgamento

Viste o malfeitor que a opinião pública apedrejava e anotaste os comentários ferinos de muita gente... Ele terá sido mostrado nas colunas da imprensa por celerado invulgar de que o mundo abomina a presença; entretanto, alguém lhe estudou a face esquecida de sofredor e observou que ninguém, até hoje, lhe ofertou na existência o mínimo ensejo de ser amado, a fim de acordar para o serviço do bem.

Soubeste que certa mulher caiu em desequilíbrio, diante de círculos sociais que fizeram pesar sobre ela a própria condenação... Alguém, todavia, lhe enxergou a face oculta e leu nela, inscrita a fogo de aflição, a história das lutas terríveis que a acusada sustentou com a necessidade, sem que ninguém lhe estendesse mãos amigas, nas longas noites de tentação.

Percebeste a diferença do companheiro que se afastou do trabalho de burilamento moral em que persistes, censurado por muitos irmãos inadvertidamente aliados a todos os críticos que o situam entre os tipos mais baixos de covardia... Alguém, contudo, analisou-lhe a face ignorada, mil vezes batida pelas pancadas da ingratidão, e verificou que ninguém apareceu nos dias de angústia para lenir-lhe o coração, ilhado no desespero.

Tiveste notícia do viciado, socorrido pela polícia, e escutaste os conceitos irônicos daqueles que o abandonaram à própria sorte... No entanto, alguém lhe examinou a face desconhecida de criatura a quem se negou a bênção do trabalho ou do afeto e reconheceu que ninguém o ajudou a libertar-se da revolta e da obsessão.

Quando estiveres identificando as chagas do próximo, recorda que alguém está marcando as causas que as produziram.

Esse alguém é o Senhor que vê o que não vemos.

Onde o mal se destaque, faze o bem que puderes.

Onde o ódio se agite, menciona o amor.

Em toda parte, e acima de tudo, pensemos sempre na Infinita Misericórdia de Deus, que reserva apenas um Sol para garantir a face clara da Terra, durante as horas de luz, em louvor do dia, mas acende milhares de sóis, em forma de estrelas, para guardar a face obscura do planeta, durante as horas de sombra, em auxílio da noite, para que ela jamais se renda ao poder das trevas.

23
RECEITAS DE VIDA ETERNA
Imperativo da prática do bem

Tantas vezes encontramos pela frente a parábola do bom samaritano e tantas outras nela encontramos inesperados ensinamentos.

Repetir costuma cansar, convenhamos. Lições, contudo, existem semelhantes à luz solar que se rearticula, diariamente, criando vida renovadora.

Realmente, a história contada por Jesus expõe a caridade por brilhante divino, com revelações prismáticas de inexprimível beleza.

A atitude daquele cavaleiro desconhecido resume todo um compêndio de bondade.

Enquanto o sacerdote e o levita, pessoas de reconhecido valor intelectual, se afastam deliberadamente do ferido, o samaritano para sensibilizado.

Até aí, o assunto patenteia feição comum, porque nós todos, habitualmente, somos movidos à piedade, diante do sofrimento alheio.

Situemo-nos, entretanto, em lugar do viajante generoso...

Talvez estivesse ele com os minutos contados...

Muito compreensivelmente, estaria sendo chamado com urgência e teria pressa de atingir o término da viagem...

Provável que fosse atender a encontro marcado...

É possível que atravessasse naquela hora o fim do dia e devesse acautelar-se contra qualquer trecho perigoso da estrada, na sombra da noite próxima...

No entanto, à frente do companheiro anônimo abatido, detém-se e se compadece. Olvida a si mesmo e não pergunta quem é. Interrompe-se. Aproxima-se. Faz pensos e efetua curativos. Para ele, contudo, isso não basta. Coloca-o na montada. Apresenta-o na hospedaria e responsabiliza-se por ele. Além disso, compromete-se sem indagar se está preservando um adversário. Pagará pelos serviços que receba. Vê-lo-á, quando regressar.

•

Narrando o acontecido, Jesus recordou o comportamento do sacerdote, do levita e do samaritano e perguntou ao doutor da Lei que se interessava pela posse da vida eterna:

— Qual dos três te parece haver amado o próximo, caído em necessidade?

— O que usou de misericórdia para com ele — replicou o interpelado.

— Então, vai — disse Jesus — e faze tu o mesmo.

Segundo é fácil de ver, a indicação para entesourar a luz da vida eterna, em nós próprios, é clara e simples.

Amor ao próximo é o sublime recurso na base de semelhante realização. Mas não basta reconhecer os méritos da receita. É preciso usá-la.

24
EM FAVOR DOS DESENCARNADOS
Meditação ante os que partiram

Não te encerres no passado, com a suposição de honrar a vida. Cada tempo da criatura na Terra se caracteriza por determinada grandeza, que não será lícito falsear. A infância tem a suavidade da semente que germina; a juventude guarda o encanto da flor que desabrocha; e a madureza apresenta a glória tranquila da árvore frutescente.

Não julgues que ames a alguém sem que lhe compreendas as necessidades de cada período da existência. A isso nos reportamos a fim de que ajudes positivamente aos seres queridos que te precederam na grande romagem da desencarnação. Sem dúvida, agradecem eles o carinho com que lhes conservas o retrato da forma física ultrapassada; contudo, ser-te-ão muito mais reconhecidos sempre que lhes reconstituas a presença através de algum ato de bondade a favor de alguém, cuja memória agradecida lhes recorde o semblante em momentos de alegria e de amor, que nem sempre no mundo puderam cultivar. Decerto, sensibilizam-se ante a flor que lhes ofertas às cinzas, mas se regozijam muito mais com o socorro que faças a quem sofre, doado em nome deles, pelo qual se sentem mais atuantes e mais vivos, junto daqueles que ficaram...

Quando mentalizes os supostos desaparecidos na voragem da morte, pensa neles do ponto de vista da imortalidade e do progresso. Um coração materno tem o direito de guardar por relíquias as roupas enfeitadas e curtas dos filhinhos que acalentou no berço, mas seria loucura impor-lhes a obrigação de usá-las, depois de homens feitos, sob o pretexto de que somente assim lhe retribuirão devotamento e ternura.

Reverencia aqueles que partiram na direção da Vida maior, mas converte saudade e pesar em esperança e serviço ao próximo, trabalhando com eles e por eles, em termos de confiança e reconforto, bondade e união, porquanto eles todos, acima de tudo, são companheiros renovados e ativos, aos quais fatalmente, um dia, te reunirás.

25
COOPERADORES
Formação de cooperadores

Criarás os colaboradores da obra que o mundo te confiou. Perceberás que, para recebê-los em plenitude de atividade-entendimento, será preciso formá-los, no olvido de ti mesmo, ao suor da abnegação.

Reconhecerás que o concurso deve ser semeado no meio em que vives, e, quando nasça, à feição do vegetal humilde, reclamará vigilância e dedicação para consolidar-se e viver. Observarás que assim como a praga, a geada, a canícula e o temporal ameaçam as plantas em via de produzir no auxílio ao cultivador, também o ciúme, a indiferença, o desapreço ou a irritação constituem perigos para a existência dos cooperadores de que necessitas para a execução do mandato que a vida te deu a realizar.

Vê-los-ás em todas as situações e tê-los-ás de todas as espécies.

É indispensável pensar nisso a fim de te habilitares para o serviço nem sempre fácil de harmonizar-lhes as disposições e tendências diversas, em favor da eficiência grupal.

Todos eles te analisam e todos reclamam de tua parte apoio e assistência, carinho e compreensão.

Encontrarás ao teu lado os fortes, com energia suficiente para te sustentarem os voos da fé; no entanto, em maior quantidade, terás aqueles outros que deves amparar e complementar: os fracos que recuam a qualquer anúncio de sacrifício; os que rendem culto excessivo aos preconceitos sociais, incapazes de atitude independente, quando as circunstâncias lhes exigem a palavra aberta no campo do testemunho; os oportunistas que situam vantagens pessoais acima da obrigação de servir; os violentos que caem no extremismo da reação aos beliscões primeiros da crítica, e aqueles muitos outros que aparecem no trabalho e desaparecem dele, entre a promessa e a indecisão.

A todos, tanto quanto seja possível, darás consideração e serviço, pensando, acima de tudo, na obra e não em ti.

Amarás os teus cooperadores e aprenderás a conduzi-los com paciência e bondade, reconhecendo que, qual ocorre contigo mesmo, somente na forja do trabalho e do tempo revelará cada um deles o tamanho do seu ideal e a sua força de ação.

26
DIANTE DO TRABALHO
Excelência do trabalho

Nunca é demais qualquer referência ao trabalho, fator de evolução e burilamento. Nele, a herança de amor com a qual o Espírito se refaz para a jornada renovadora, em direção aos objetivos supremos da vida. Para conhecer-lhe, porém, a sabedoria de orientador da felicidade, é preciso crer nele e aderir-lhe ao programa de esforço criativo, penetrando-lhe as qualidades positivas de dissolvente das nossas velhas imperfeições.

Não admitas que adversidade, tropeço, desilusões ou dívidas te impeçam de receber-lhe o benefício salvador. É com ele e por ele que conquistarás todos os recursos destinados à tua sustentação.

Se te vês sob o domínio de fraqueza deprimente, ser-te-á revigorante a restaurar-te o comando das próprias forças.

Se experimentas a compulsão de hábitos indesejáveis, erigir-se-á à condição do libertador de que necessitas.

Se te reconheces debaixo da pressão de dívidas constrangedoras, encontrarás nele o abonador seguro de tua quitação.

Se sofres o cerco de adversários, sejam eles quais forem, levantar-se-á como sendo o agente benéfico que os desarmará, angariando-lhes, em teu favor, apreço e simpatia.

Se te confessas defrontado por necessidades materiais, descobrirás nele a saída contra a penúria.

Se detens alevantados ideais de beneficência ou educação, nunca chegarás a realizá-los sem ele.

Se aspiras ao progresso, terás de adotar com ele a cobertura de todos os teus planos.

Se patrimônios amoedados te garantem a ociosidade, inspirando alguém a dizer-te que não precisas trabalhar, continua oferecendo ao trabalho o melhor de tuas energias, porque será ele a defensiva contra o tédio e a viciação, capazes de te arruinar a existência.

Mas, onde estiveres, trabalha construindo o bem.

Interpretada apenas à feição de movimento, a atividade é suscetível de ser empregada para o mal. A pedra dedicada à construção pode transformar-se em instrumento do crime, nas arremetidas da delinquência.

Abraça, pois, no trabalho como serviço, a rota de cada dia, e, com a tua utilidade para os outros, obterás, através dos outros, o caminho, o apoio, o auxílio e o incentivo para a tua segurança, tranquilidade, alegria e libertação.

27
MEDIUNIDADE ATORMENTADA
Mediunidade e disciplina

Diante das explosões de agressividade sentimental, é preciso considerar não apenas o quadro visível dos companheiros transfigurados de cólera ou desespero.

Se estudas mediunidade e percebes que ela se baseia, acima de tudo, em princípios de sintonia, pondera nas forças desequilibradas que atuam, frequentemente, nessas ocasiões, por trás da pessoa aparentemente sadia.

Na Terra, sempre nos comovemos perante a chapa radiográfica que acusa a presença de moléstia insidiosa em determinado órgão, predispondo-nos à simpatia pelo doente, e quase nunca refletimos na gravidade do processo obsessivo, por enquanto inauscultável pela perquirição humana, a destruir as melhores possibilidades da criatura. Semelhante anomalia jaz, muitas vezes, enquistada na constituição psíquica do enfermo, alentando-lhe a ligação com as regiões inferiores e dele fazendo um agente movimentado das inteligências que operam no lado negativo da evolução.

Muito mais do que podemos supor, somos defrontados, no plano físico, pelos irmãos dominados por elementos vampirizadores, seja por um minuto, uma hora, um dia ou longo tempo.

A própria sabedoria popular já alcançou intuitivamente o problema, definindo a pessoa, transitoriamente sem o controle de si mesma, como sendo alguém que terá entrado, sem perceber, num momento infeliz. Meditemos, não somente nisso, mas, de igual modo, na condição mediúnica de que todos somos portadores, nas faculdades do Espírito, quando essa condição sem disciplina e esclarecimento se vê presa, de repente, num círculo magnético de aguilhões constrangedores.

Muitos crimes se cometem e muitos desastres se verificam unicamente por falta de alguém, com bastante capacidade de entendimento, para levantar o dique do amparo fraterno, ante as arrasadoras projeções do mal.

Pensa em torno disso e ajuda, onde raros irmãos, até agora, conseguem suficiente visão íntima para a prestação de socorro que se faz necessário.

Se já compreendes o poder da hipnose sobre as criaturas que ainda não se ajustaram às leis da vida mental, ergue a muralha defensiva da bondade e da compreensão, do silêncio ou da prece, à frente dos companheiros que a ira ou a inconformação coloca em desgoverno sentimental!... Ninguém consegue calcular os estragos do incêndio causado por mera faísca atiçada pelo descuido, tanto quanto ninguém consegue avaliar a colheita de bênçãos que fluirá de um simples gesto de auxílio, revestido de amor.

28
EXAMINANDO A MEDIUNIDADE
Mediunidade e serviço ao próximo

Aspiras ao desenvolvimento da mediunidade para mais fácil intercâmbio com o plano espiritual. Isso é perfeitamente possível; entretanto, é preciso que lhe abraces as manifestações, compreendendo que ela te pede amor e dedicação aos semelhantes para que se transforme num apostolado de bênçãos.

Reconhecerás que não reténs com ela um distrito de entretenimento ou vantagens pessoais e sim um templo--oficina, através do qual os benfeitores desencarnados se aproximam dos homens, tão diretamente quanto lhes é possível, apontando-lhes rumo certo ou lenindo-lhes os sofrimentos, tanto quanto lhe utilizarás os recursos para socorrer desencarnados, que esperam ansiosamente quem lhes estenda uma luz ao coração desorientado.

Receberás com ela não apenas a missão consoladora de reerguer os tristes, mas também a tarefa espinhosa de suportar, corajosamente, a incompreensão daqueles que se comprazem sob a névoa do Materialismo, muitas vezes interessados em estabelecer a dúvida e a negação para obterem, usando o nome da Filosofia e da Ciência, livre trânsito nas áreas de experiência física, em que a fé opõe uma barreira aos abusos de ordem moral.

Nunca lhe ostentarás a força com atitudes menos dignas, que te colocariam na dependência do mal, e, ainda mesmo quando ela te propicie meios com os quais te podes sobrepor aos perseguidores e adversários, tratá-los-ás com o amor que não foge à verdade e com a verdade que não desdenha o equilíbrio, admitindo que não te assiste o direito de te anteporçs à justiça da vida.

Terás a mediunidade por flama de amor e serviço, abençoando e auxiliando onde estejas, em nome da excelsa Providência, que te fez semelhante concessão por empréstimo. E nos dias em que esse ministério de luz te pese demasiado nos ombros, volta-te para o Cristo — o divino Instrumento de Deus na Terra — e perceberás, feliz, que o coração crucificado por devotamento ao bem de todos, conquanto pareça vencido, carrega em triunfo a consciência tranquila do vencedor.

29
NÃO TE IMPACIENTES
Calma e paciência

A Paternidade Divina é amor e justiça para todas as criaturas.

Quando os problemas do mundo te afogueiem a alma, não abras o coração à impaciência, que ela é capaz de arruinar-te a confiança.

Quantos perderam as melhores oportunidades da reencarnação, unicamente por se haverem abraçado com o desespero!

A impaciência é comparável à força negativa que, muitas vezes, inclina o enfermo para a morte, justamente no dia em que o organismo entra em recuperação para a cura.

Se queres o fruto, não despetales a flor.

Nas situações embaraçosas, medita caridosamente nos empeços que lhe deram origem! Se um irmão faltou ao dever, reflete nas dificuldades que se interpuseram entre ele e os compromissos assumidos. Se alguém te nega um favor, não te acolhas a desânimo ou frustração, de vez que, enquanto não chegarmos ao plano da Luz Divina, nem sempre nos será possível conhecer, de antemão, tudo de bom ou de mau que poderá sobrevir daquilo que nós pedimos. Não te irrites, diante de quaisquer obstáculos, porquanto reclamações ou censuras servirão apenas para torná-los maiores. Quase sempre a longa expectativa, em torno de certas concessões que disputamos, não é senão o amadurecimento do assunto para que não falhem minudências importantes.

Não queremos dizer que será mais justo te acomodares à inércia. Desejamos asseverar que impaciência é precipitação e precipitação redunda em violência.

Para muitos, a serenidade é a preguiça vestida de belas palavras. Os que vivem, porém, acordados para as responsabilidades que lhes são próprias, sabem que paciência é esperança operosa: recebem obstáculos por ocasiões de trabalho e provações por ensinamentos.

Aguarda o melhor da vida, oferecendo à vida o melhor que puderes.

O lavrador fiel ao serviço espera a colheita, zelando a plantação.

A casa nasce dos alicerces, mas, para completar-se, pede atividades e esforços de acabamento.

Não te irrites.

Quem trabalha pode contar com o tempo. Se a crise sobrevém na obra a que te consagras, pede a Deus que não apenas te abençoe a realização em andamento, mas também a força precisa para que saibas compreender e servir, suportar e esperar.

30
INVESTIMENTOS
O valor da cooperação fraterna

Compreensível o espírito de previdência que induz o homem a se preservar contra a penúria.

A formação bancária na garantia comum, os estabelecimentos de segurança pública, as organizações da economia popular sem estímulo à usura e os institutos de proteção recíproca representam aquisições de inegável valor para a comunidade.

Ninguém deve menosprezar o ensejo de se resguardar contra a exigência imprevista.

Essa realidade, patente no plano material, não é menos tangível no Reino do Espírito.

Urge depositar valores da alma nas reservas da vida, considerando as nossas necessidades de amanhã.

A interdependência guarda força de lei, em todos os domínios do Universo.

Caridade é dever, porque, se os outros precisam de nós, também nós precisamos dos outros. Não esperes, porém, pelo poder ou pela fortuna terrestres a fim de cumpri-la.

Faze os teus investimentos de ordem moral com o que tens e com o que és.

Começa agora.

Quotas pequeninas de força monetária totalizam grandes créditos.

Migalhas de bondade formam largos tesouros de amor.

Relaciona algumas das possibilidades ao alcance de todos:

- o minuto de cortesia;
- o testemunho de gentileza;
- o momento de tolerância, sem nenhum apelo à crítica;
- a referência amistosa;
- a frase encorajadora;
- a demonstração de entendimento;
- a desculpa espontânea, sem presunção de superioridade;
- a conversação edificante;
- a pequenina prestação de serviço;
- o auxílio além da obrigação...

No capítulo da propriedade, lembra-te da própria alma — a única posse inalienável de que dispões — e, recordando que precisas e precisarás de recursos sempre maiores e sempre novos para evoluir e elevar a própria vida, não te esqueças de que podes, a todo instante, trabalhar e servir, investindo felicidade e cooperação com ela.

31
SEXO TRANSVIADO
Conduta espírita ante o sexo transviado

Ouvirás referências descaridosas, em torno do sexo transviado; no entanto, guardarás invariável respeito para com os acusados, sejam eles quais forem.

Muito fácil traçar caminhos no mapa. Sempre difícil trilhá-los, debaixo da tempestade, às vezes sangrando as mãos para sanar dificuldades imprevistas.

É preciso saber penetrar fundo nas necessidades do Espírito, para enxergá-las com segurança.

Aplica a bondade e a compreensão toda vez que alguém se levante contra alguém, porque, em matéria de sexo, com raras exceções, todos trazemos heranças dolorosas de existências passadas, dívidas a resgatar e problemas a resolver.

Muitos daqueles que apontam, desdenhosamente, os irmãos caídos em desequilíbrio emotivo, imaginando-se hoje anichados na virtude, são apenas devedores em moratória, que enfrentarão, amanhã, aflitivas tentações e provações, quando soar o momento de reencontrarem os seus credores de outras eras.

Não condenarás.

Enunciando tais conceitos, não aceitamos os desvarios afetivos como sendo ocorrências naturais. Propomo-nos defini-los por doenças da alma, junto das quais a piedade é trazida para silenciar apreciações rigoristas.

Nas quedas de sentimento, há que considerar não somente a fraqueza, necessitada de compaixão, mas também, e muito comumente, o processo obsessivo que reclama socorro em vez de censura.

Não podemos medir a nossa capacidade de resistência, no lugar do companheiro em crise, e, por isso, é aconselhável caminhar com a misericórdia em quaisquer situações, para que a misericórdia não nos abandone quando a vida nos chame ao testemunho de segurança moral.

Se alguém caiu em desvalimento ou desceu à loucura, em assunto do coração, misericórdia para ele! Em todas as questões do sexo transviado, usa a misericórdia por base de qualquer recuperação. E, quando a severidade nos intime a gritar menosprezo, acalentar maledicência, estender escárnio ou receitar punições, recordemos Jesus. Aquele de nós que jamais tenha errado, em nome do amor, seja em pensamento ou palavra, atitude ou ação, atire a primeira pedra.

32
PSICOLOGIA E EVANGELHO
O evangelho ante a psicologia moderna

As ciências psicológicas atualmente contam com diversos sistemas de orientação com que pretendem guiar para a felicidade.
Nesse sentido, numerosas publicações correm mundo.
Livros para a descoberta do êxito, relacionando indicações para conduta e vantagem.
Manuais de otimismo, estabelecendo princípios de bom ânimo...
Compêndios filosóficos, propondo soluções aos problemas da depressão...
Tratados de Psicanálise, endereçados à supressão dos conflitos emocionais...
Cartilhas de boas maneiras para a conquista de simpatia e cooperação...
E, por isso, arregimentam-se especialistas e estudiosos, comandando legiões de obreiros na Psicoterapia.

Cientistas, religiosos, professores e técnicos ensinam processos de autocondicionamento, objetivando a euforia ou o destaque da personalidade. E todos eles — os que se esmeram no esforço da educação — avançam em rumo certo, aformoseando a face da existência terrestre, seja controlando os impulsos primitivistas da alma ou lubrificando o mecanismo das relações.

Importa reconhecer, porém, com o Evangelho do Cristo, que a vitória desses empreendimentos depende da regra áurea, aplicada na experiência de cada um: "faze aos outros o que desejas que os outros te façam".

A base de toda a terapêutica, destinada à garantia da sanidade de consciência, fundamenta-se na tarefa de compreender e auxiliar os nossos semelhantes, como esperamos que os nossos semelhantes nos compreendam e auxiliem. De outro modo, as receitas de êxito exterior funcionarão exclusivamente ao modo das instruções que prevaleçam para o asseio físico. O homem necessita do banho e não passará sem ele, se guarda fidelidade à higiene; mas, se o homem elege a criminalidade como sendo a norma da própria vida, por mais que se ilumine ou se alimpe por fora, carregará, por dentro, a sombra e a desorientação do mesmo jeito.

33
COMPANHEIROS DE EXPERIÊNCIAS
Espíritos obsessores

Às vezes, pronunciamos a palavra "obsessores" qual se o conceito designasse uma raça de criaturas diferentes; e alinhamos epítetos que nos definam assombro e repugnância, como sejam: "demônios desencarnados", "gênios infernais", "Espíritos perversos"...

Sem dúvida, em sã consciência, ninguém se afina com o mal, como ninguém se harmoniza com a doença. Se providenciamos, no entanto, socorro adequado aos enfermos do corpo, a que título relegar a regime de absoluta condenação aqueles irmãos nossos que se marginalizaram, do ponto de vista espiritual, em precipícios de trevas?

Certo, pessoa alguma se lembrará de pedir um prêmio a fim de laurear os que delinquiram, mas é preciso considerar que são eles seres humanos, quanto nós mesmos, aguardando remédio e proteção para que se levantem, de novo, à altura da Humanidade.

Por mais endividado ou inferior que nasça um Espírito no campo terrestre, as Leis de Deus jamais o abandonam e selam-lhe o berço com a presença do amor, a começar pela ternura do coração materno, capaz de auxiliá-lo até as últimas raias do sacrifício. E Espírito algum, por mais detestado ou ignorante, na estância física, pelas mesmas Leis de Deus não voltará ao mundo espiritual sem a dedicação de alguém que o ame.

Os chamados "protetores" e "guardiães" não transitam apenas entre os lares humanos, sustentando os homens para que não resvalem de todo nos abismos do erro; velam, igualmente, nos despenhadeiros da sombra, insuflando esperança e consolação naqueles irmãos que despertaram, além da morte, entre cáusticos de remorso e crises de loucura, resultantes das faltas e transgressões a que se afizeram, no curso do estágio físico.

Impossível desconhecer as dificuldades e problemas a que estamos sujeitos pela influência dos nossos companheiros apresados nas teias de revolta e desequilíbrio; entretanto, se a Bondade do Senhor no-los encaminha, é que partilhamos com eles o mesmo quinhão de débito a resgatar ou de serviço a desenvolver; se nos trazem sensações de tristeza ou de angústia, é que ainda temos os corações, quais os deles, arraigados à sombra de Espírito.

Recebamo-los na trilha do respeito, quando não nos seja possível acolhê-los no portal da alegria. E comecemos a obra do reajuste, acendendo no íntimo a chama da prece; ela clareará nossas almas e interpretá-los-emos tais quais são: nossos companheiros de caminhada e obreiros indispensáveis da vida.

34
FILHOS DIFERENTES
Filhos em desarmonia com o lar

Provavelmente, conhecê-los-ás no mais íntimo da alma: os filhos diferentes. Conseguiste instruir os outros. Encaminhá-los para o bem com facilidade. Mas encontraste aquele que não se afina com os teus ideais. É um filho que não se erige à altura do padrão doméstico a que te elevaste, ou uma filha que te desmente a esperança.

É possível que hajas verificado a desvantagem quando já existe enorme distância do ente querido à harmonia familiar. Percebeste-lhe as falhas com a surpresa do cultivador, quando identifica uma planta de bela aparência que a praga carcome, ou com o desencanto de quem vê repentinamente comprometida a empresa levantada à custa dos sonhos e canseiras de muitos anos.

Quanto te observes perante um filho diferente, não te permitas inclinar o coração ao desespero ou à amargura. Ora e pede luz para o entendimento.

O Senhor te fará reconhecer-te à frente do companheiro ou da companheira de outras existências terrestres, que o tempo ocultou e que a Lei te oferece de novo à presença para que a tua obra de amor seja devidamente complementada.

Jamais ergas a voz para acusar o filho-problema, conquanto nem sempre lhe possas elogiar a conduta. Longe ou perto dele, segundo as circunstâncias do plano físico, ampara-o com a tua prece, estendendo-lhe apoio e inspiração pelas vias da alma. Embora no dever de corrigi-lo, ainda mesmo quando te não compreenda ou te evite o passo, abençoa-o tantas vezes quantas se fizerem precisas, ensinando-lhe outra vez o caminho da retidão e da obediência, selecionando para isso as melhores palavras que as lutas da vida te hajam gravado no sentimento.

Ninguém te pode penetrar a angústia e o enternecimento de pai ou mãe, junto dos filhos que se fizeram enigmas; à vista disso, é natural que muitas vezes o teu procedimento diante deles assuma aspecto de exceção. Auxilia-os sempre e, mesmo nos dias em que a saraivada de críticas humanas te assedie a cabeça, conchega-os mais brandamente ao regaço de teu espírito; sem que o verbo humano consiga expressar as sensações de teu amor ou de tua dor, ante um filho diferente, sabes, no imo da alma, que ele significa o mais alto encontro marcado entre a tua esperança e a bondade de Deus.

35
PAIS DIFÍCEIS
Pais humanos em divergência conosco

Nem sempre surgem como sendo personalidades adequadas aos nossos desejos aqueles que a vida nos oferece por pais na estância física.
Seriam eles maus ou diferentes, porque não nos entendam, de pronto, os ideais? Numa interrogativa dessa natureza, toda vez que estivermos na posição de filhos, é possível que devamos formular semelhante questão ao inverso.
Habitualmente, julgamos nossos pais humanos quando a razão começa a amadurecer no galho florido de nossos primeiros sonhos da mocidade. Sobretudo, pretendemos medir-lhes as supostas deficiências, depois de passados mais de vinte ou trinta anos sobre os dias semiconscientes de nossa infância. Se não concordam com as nossas opiniões, frequentemente apontamo-los por espíritos passadistas ou intolerantes. Nessa conceituação apressada, porém, esquecemo-nos de que eles carregam na alma as cicatrizes profundas dos golpes que receberam no caminho

da experiência, quantas vezes por nossa causa, e, por isso mesmo, nem sempre lhes será possível colocar os ouvidos ao nível em que se nos situa a palavra.

Fácil considerá-los desorientados, quando não estejam de acordo com os preceitos que aceitamos como sendo os mais justos; entretanto, a distância enorme de tempo que existe entre a hora de nossa análise e a hora do berço não nos permite saber quantos problemas e quanto fel amargaram, até que adotassem padrões individuais de conduta diversos daqueles consagrados para a vida na Terra.

Muito simples categorizá-los à conta de intransigentes, quando nos reprovam os pontos de vista; contudo, raramente estamos nas condições precisas para avaliar as crises que suportaram, a fim de que tentações e desequilíbrios não arrasassem o lar que nos serve de apoio e ninho.

Se te encontras à frente de pais magoados ou sofredores, recorda um homem generoso que largou as conveniências da própria liberdade, para colocar uma família nos ombros, e lembra-te de certa mulher, jovem e bela, que olvidou a si mesma e renunciou à própria vida, padecendo na carne e na alma, para que pudesses viver!... Considera que eles se reuniram, obedecendo aos desígnios de Deus, a fim de que viesses ao mundo, e se não puderam ser felizes como esperavam ou se as provações da existência os tornaram assim, quando estiveres a ponto de censurá-los, pensa na alegria e no amor com que eles dois rogaram a Deus que te abençoasse, quando nasceste, e, em silêncio, pede também a Deus que os abençoe.

36
LIBERTAÇÃO ESPIRITUAL
Libertação interior e reequilíbrio

A solução ao problema da libertação espiritual, considerado originariamente, é questão de foro íntimo, qual acontece ao homem na vida comum.

Uma criatura poderá ter renascido em lastimáveis condições de penúria e acordar para as responsabilidades da reencarnação em ambiente vicioso, seja na família consanguínea ou na esfera de relações sociais em que foi levada a conviver, atravessando, por isso, largo trecho da existência em perigoso arrastamento ao mal; entretanto, se determina a si mesma o dever de elevar-se, acendendo no raciocínio a lâmpada do estudo e abraçando a trilha correta do trabalho, a breve tempo começa a receber o amparo daqueles a quem se faz útil, conquistando mais alto nível, do qual consegue estender braços fraternos em socorro dos irmãos que ficaram na retaguarda.

Ocorre o mesmo nos domínios do Espírito.

Determinada pessoa pode encontrar-se, às súbitas, debaixo da influência de entidades perturbadoras, seja por as haver atraído com pensamentos infelizes ou porque sejam elas aqueles companheiros que lhe constituem a equipe de sócios das existências passadas; consequentemente, é capaz de sofrer induções à delinquência, em atormentados processos obsessivos, mas, se delibera emancipar-se, procurando a luz do conhecimento e situando o caminho no serviço aos semelhantes, passa a recolher, de imediato, o concurso daquele a quem auxilia, alcançando mais alto nível, do qual pode enviar apoio amigo àqueles mesmos Espíritos que se lhe erigiam à condição de perseguidores.

Fácil de compreender que toda criatura está vinculada ao grupo de inteligências e corações que lhe são afins, sejam em nos referindo a companheiros encarnados ou desencarnados, diante das avenidas da renovação e do progresso, descerradas, indiscriminadamente, a nós todos.

À frente, pois, dessa verdade, toda vez que estivermos inclinados à queda nas sombras da obsessão, quando na estância física, será possível receber a cooperação salvacionista de numerosos benfeitores; reconhecendo, porém, aquela outra realidade da lei de sintonia, pela qual sabemos que o ímã de atração das nossas companhias está no campo de nossa própria alma, não será lícito esquecer que o trabalho de nossa libertação e reequilíbrio depende positivamente de nós.

37
AO EXPLICADOR ESPÍRITA
Orientação da palavra espírita

Na tarefa da explicação dos princípios espíritas para a mente popular, medita na importância do serviço que a Providência Divina te confiou.

Não te suponhas dissertando simplesmente para atender a determinado item do programa traçado para as reuniões.

Sempre que te compenetres da realidade de que toda boa palavra como toda boa dádiva procede originariamente de Deus, carreias o socorro dos mensageiros divinos para as necessidades humanas.

A inspiração do mundo espiritual se te comunica ao cérebro como a força da usina absorve os implementos da lâmpada, e, assim como a lâmpada acesa expulsa as trevas, a tua frase impregnada de amor dissipa as sombras do Espírito, irradiando conformidade e paz, esperança e consolação.

Antes do comentário elucidativo ou reconfortante, ajusta o pensamento às disciplinas da prece. A oração valer-te-á por tomada invisível que te ligue sentimento e razão ao Plano superior. Em seguida, aproveita os minutos com que o horário te favoreça e fala espontaneamente, trazendo o coração aos lábios. Diante do erro, esclarece amando, para que a corrigenda não tenha a força de uma imposição, e sim a luz de uma bênção. Fala, sobretudo, compadecendo-te dos que te ouvem. Lembra-te de que, muitas vezes, te diriges a companheiros desfalecentes e fatigados. Muitos vieram de longe ou se afastaram de obrigações urgentes do lar para receberem de ti um apontamento de bom ânimo que os ajude a suportar, corajosamente, o fardo de provações que ainda carregam.

Com o mesmo devotamento fraternal, restaura a fé naqueles cujo traje dá notícia da abastança material em que vivem e levanta o ânimo abatido daqueles outros que trazem na própria apresentação os sinais inequívocos da penúria.

Ainda mesmo quando guardes o espinho do sofrimento cravado nas reentrâncias do peito, esquece as próprias mágoas e fala, auxiliando e construindo...

O perfume embalsama primeiro o vaso que o transporta.

Outros expositores da verdade e do bem serão ouvidos de cátedras e tribunas, através de simpósios e multidões, porquanto nós todos precisamos da verdade e do bem, do vértice à base da pirâmide da vida. A ti, porém, coube a tarefa de explicá-los nas assembleias familiares do dia-a-dia, conchegando o povo ao regaço da própria alma. Recorda, no entanto, que se Jesus foi infinitamente grande, no topo dos montes ou nos cenáculos privativos para as revelações do Evangelho, jamais foi menor nos barcos humildes ou no clima poeirento da estrada, quando atendia aos irmãos que o buscavam, sedentos de consolo e famintos de luz.

38
SOCORRO E BENEVOLÊNCIA
Caridade e perseverança

Socorro e benevolência!...
Curioso examinar como é fácil seguir o caminho da caridade até o meio; tão fácil que o princípio dele é acessível a qualquer um. Isso, porque, se o início das boas obras pode realizar-se através de impressões externas, a complementação deve ser feita no cerne da vida íntima.

Mobilizaremos recursos materiais, diminuindo o infortúnio de companheiros que a penúria vergasta; no entanto, a fim de aprendermos as lições da bondade, é forçoso que lhes saibamos doar, tanto quanto possível, esforço e presença pessoal, na solução dos problemas que lhes digam respeito.

Partilharemos dissabores e aflições dos vizinhos, especialmente quando a própria tranquilidade nos permita articular bons conselhos, mas, para que o nosso testemunho de fraternidade seja completo, cabe-nos regozijar-nos sinceramente quando se mostram felizes, sem qualquer necessidade de nosso auxílio.

Estimaremos a prestação de gentileza às pessoas que se nos façam atraentes pela humildade que evidenciem; contudo, é forçoso sustentar o mesmo concurso afetivo junto daqueles que a revolta e a obsessão nos apresentem como sendo criaturas menos simpáticas.

Alegrar-nos-emos com as tarefas da assistência social quando vantagens diversas nos assegurem euforia de corpo e alma; entretanto, para demonstrarmos compreensão de solidariedade real, é preciso saber olvidar enxaqueca e desgosto, a fim de sorrir encorajando os irmãos em lides expiatórias.

Caridade, indiscutivelmente, é a senda do amor; contudo, para alcançar a vitória espiritual a que ela nos guia, é necessário trilhá-la dos júbilos do começo às dificuldades do fim.

39
ESPÍRITAS INICIANTES
Companheiros no começo
das tarefas espíritas

Assimilaste os princípios espíritas que te aclaram o pensamento, restituindo-te as diretrizes do Cristo com a simplicidade do Evangelho em suas horas primeiras.

Não apenas crês. Sabes que a imortalidade é a essência da vida. Tranquilizaram-se-te as emoções e sedimentou-se-te a experiência. Converteu-se-te a fé no coração em refúgio de paz inalterável.

Não te isoles, porém, daqueles companheiros que estão começando a construção na qual te rejubilas; porque já conquistaste o cais da segurança, é possível que enxergues muitos deles nas ondas perigosas das afirmações discutíveis. Não lhes arrases a lavoura do entusiasmo com a cal da reprimenda. Auxilia-os a fazer luz no campo do raciocínio. Ouve-lhes a palavra, qualquer que ela seja, com paciência e brandura. Cada inteligência possui determinado caminho para alcançar a verdade, e muitos daqueles que abordam a doutrina renovadora do Espiritismo procedem de trilhas obscuras, como sejam as do preconceito ou da angústia, da enfermidade ou da obsessão, e, por isso mesmo, reclamam tempo para se desvincularem do temor supersticioso ou dos enganos piedosos em que se lhes encravaram os sentimentos. Não lhes censures a condição transitória, nem lhes adubes os desacertos. Ajuda-os com bondade, repetindo avisos e explicações para que se lhes consolide o discernimento.

Os irmãos amadurecidos são chamados a sustentar e orientar os irmãos mais novos de entendimento, e lavrador algum consegue atingir a alegria e a plenitude da colheita abandonando a planta nascente aos caprichos da Natureza, sem o esforço de assistir e o cuidado de cultivar.

40
INCOMPREENSÃO
Nossa posição diante dos outros

Referimo-nos, comumente, à incompreensão, qual se fosse uma praga inextirpável de nossa plantação afetiva. E deixamos que ela cresça, isolando-nos daqueles com quem fomos chamados a conviver.

Quantas vezes percorremos largos trechos da existência ao modo de viajores abandonados, alegando-a como sendo o motivo da solidão que nos suplicia!

No entanto, se revisarmos o íntimo da alma, aí surpreenderemos a lógica e a justiça, induzindo-nos ao reexame de todos os problemas dessa natureza, ainda mesmo os mais intrincados; sobretudo, se já aceitamos Jesus por Mestre, perceberemos, de imediato, o apelo da vida a que assumamos nosso lugar, no quadro das obrigações que a fraternidade nos traça ao caminho, compreendendo, por fim, que se os outros não nos compreendem, permitindo que a incompreensão nos alcance, nós podemos compreendê-los, iniciando a jornada de esforço para o reencontro da harmonia entre nós. Para isso, é necessário que o nosso espírito se deixe comandar pelo amor, cabendo-nos aproveitar todas as circunstâncias para levar aos companheiros, vitimados pela tentação do desacordo, as nossas melhores demonstrações de simpatia e cooperação, embora sem violentar condições e situações.

Esqueçamos quaisquer justificativas para ressentimentos e promovamos todos os reajustes possíveis entre nós e os outros, a fim de que a nossa estrada se enriqueça de mais amplo serviço e de mais sólido entendimento.

Se Jesus tomasse em conta as incompreensões da Humanidade, as nações do planeta não estariam, ainda hoje, muito longe dos princípios de violência que regem a selva. E toda vez que a incompreensão nos ameace o trabalho, recordemos que se Ele, o Mestre e Senhor, nos exortou a amar os próprios inimigos, decerto espera que venhamos a amar, valorizar, abençoar e entender os nossos amigos cada vez mais.

41
PENSAMENTO E CONDUTA
Vontade no plano mental

Nem sempre estamos habilitados a eleger o nosso ambiente mais íntimo, na experiência cotidiana.

Às vezes, somos constrangidos a suportar certos quadros de luta ou a partilhar o convívio de pessoas que não se nos afinam com a maneira de ser, em razão dos compromissos que trazemos de existências passadas. Entretanto, em qualquer situação, somos livres para escolher os nossos pensamentos.

Cada inteligência emite as ideias que lhe são peculiares, a se definirem por ondas de energia viva e plasticizante, mas, se arroja de si essas forças, igualmente as recebe, pelo que influencia e é influenciada.

Ainda mesmo por instantes, toda criatura, ao exteriorizar-se, seja imaginando, falando ou agindo, em movimentação positiva, é um emissor atuante na vida, e, sempre que se interioriza, meditando, observando ou obedecendo, de modo passivo, é um receptor em funcionamento.

Aqueles que se desenvolveram mentalmente, atingindo a esfera das criações sugestivas, assumem o papel de orientadores, adquirindo responsabilidades mais vastas pela facilidade com que articulam programas de rumo para os outros. Cada qual expõe o que pensa pelo esforço que realiza: o cientista pela obra a que se consagra, o professor pelo que ensina, o escritor pelo que escreve, o comentarista pelo que fala, o artista pelo trabalho em que se revela.

Analisemos, assim, aquilo que nomeamos como sendo nosso "estado de espírito". Tensão, dúvida, angústia, irritação, otimismo, coragem, confiança ou alegria são frutos de nossa preferência no mercado gratuito das ideias, uma vez que o fio invisível de nossas ligações com o bem ou com o mal parte essencialmente de nós.

Convençamo-nos de que a nossa mente possui muita coisa de comum com o aparelho radiofônico. Emissões construtivas ou deprimentes, significando a carga sutil de sugestões boas ou más que aceitamos de companheiros encarnados ou desencarnados, alcançam-nos incessantemente e podem alterar-nos o modo de ser, mas não podemos olvidar que a nossa vontade é o sintonizador.

42
AFLIÇÃO VAZIA
O problema da ansiedade

Ante as dificuldades do cotidiano, exerçamos a paciência, não apenas em auxílio aos outros, mas igualmente a favor de nós mesmos.

Desejamos referir-nos, sobretudo, ao sofrimento inútil da tensão mental que nos inclina à enfermidade e nos aniquila valiosas oportunidades de serviço.

No passado e no presente, instrutores do espírito e médicos do corpo combatem a ansiedade como sendo um dos piores corrosivos da alma. De nossa parte, é justo que colaboremos com eles, a benefício próprio, imunizando-nos contra essa nuvem da imaginação que nos atormenta sem proveito, ameaçando-nos a organização emotiva.

Aceitemos a hora difícil com a paz do aluno honesto, que deu o melhor de si no estudo da lição, de modo a comparecer diante da prova evidenciando consciência tranquila.

Se o nosso caminho tem as marcas do dever cumprido, a inquietação nos visita a casa íntima na condição do malfeitor decidido a subvertê-la ou dilapidá-la; e assim como é forçoso defender a atmosfera do lar contra a invasão de agentes destrutivos, é indispensável policiar o âmbito de nossos pensamentos, assegurando-lhes a serenidade necessária.

Tensão à face de possíveis acontecimentos lamentáveis é facilitar-lhes a eclosão, uma vez que a ideia voltada para o mal é contribuição para que o mal aconteça; e tensão à frente de sucessos menos felizes é dificultar a ação regenerativa do bem, necessário ao reajuste das energias que desastres ou erros hajam desperdiçado.

Analisemos desapaixonadamente os prejuízos que as nossas preocupações injustificáveis causam aos outros e a nós mesmos, e evitemos semelhante desgaste empregando em trabalho nobilitante os minutos ou as horas que, muita vez, inadvertidamente, reservamos à aflição vazia.

Lembremo-nos de que as Leis divinas, através dos processos de ação visível e invisível da Natureza, a todos nos tratam em bases de equilíbrio, entregando-nos a elas, entre as necessidades do aperfeiçoamento e os desafios do progresso, com a lógica de quem sabe que tensão não substitui esforço construtivo, ante os problemas naturais do caminho. E façamos isso, não apenas por amor aos que nos cercam, mas também a fim de proteger-nos contra a hora da ansiedade que nasce e cresce de nossa invigilância para asfixiar-nos a alma ou arrasar-nos o tempo sem qualquer razão de ser.

43
TEU TIJOLO DE AMOR
Concurso pessoal na seara do bem

És uma parcela do Infinito Amor, no rumo da Perfeição Infinita, e o primeiro sinal de que reconheces a excelsitude do teu destino é o esquecimento de ti mesmo, a benefício dos outros.

Por mais áspero seja o caminho, segue, pois, amando e servindo.

Não enumeres sacrifícios, nem contes dificuldades.

A glória da vida é doação permanente.

A estrela te envia luz, varando os empeços da sombra, e a raiz da planta que te estende a bênção do fruto é constrangida a morar no limo do solo, a fim de sobreviver.

Não faltes ao amor que nunca te falta.

O objetivo fundamental de nossa presença, em qualquer estância do Universo, é o serviço que possamos prestar.

Paixões e ilusões que nos conturbem as horas, e mágoas ou provas que nos calcinem os sentimentos, afiguram-se convulsões necessárias no mundo de nossa alma em transformação e burilamento. Pairando muito além de semelhantes calamidades, permanece imperecível o bem que distribuíste, como sendo a tua riqueza eterna.

Raciocina e enternece-te. Pensa e auxilia.

Registrarás o verbo equívoco dos que se transviam temporariamente, asseverando que o mundo pertence aos que se façam bastante fortes na astúcia ou na opressão, que a bondade é um conceito perdido no trabalho da moderna civilização, mas seguirás adiante, compreendendo que ninguém confunde a justiça, ainda que se creia sob o manto ilusório da impunidade, e que o progresso material, sem amor que lhe garanta o equilíbrio, mais não é que uma exibição de poder, endereçada ao campo de cinza.

Vive em tua época. Esforça-te e realiza, alegra-te e sofre com os teus contemporâneos; todavia, de quando em quando, recolhe-te ao abrigo da consciência e escuta as antigas verdades sempre novas que te anunciam o Reino de Deus!... Para reformulá-las, os Espíritos do Senhor se espalham presentemente no planeta, constituindo legiões... Eles nos ensinam — a nós, os tarefeiros encarnados e desencarnados da seara enorme — que o ódio será banido das nações, que o egoísmo desaparecerá da Terra, que a Ciência instruirá a ignorância, que a compaixão converterá todos os cárceres em sanatórios e que a educação espiritual extinguirá todos os focos de delinquência!... Para isso, no entanto, eles te rogam o tijolo de trabalho e de amor que possas oferecer à sublime edificação.

Ama e serve sempre.

Tudo o que te aflige ou te espanta, nas conquistas da inteligência de hoje, representa ensaio da supercultura de que o mundo amanhã aproveitará o que seja melhor, e, acima de todas as legendas que gritam ainda agora por fraternidade e reivindicação, ouviremos como proclamação mais alta a palavra de Jesus, no apelo inesquecível: "Amai-vos uns aos outros como eu vos amei".

44
TEMPERAMENTO
Autocontrole

Somos cuidadosos, salvaguardando o clima doméstico. Dispositivos de alarme, faxinas, inseticidas, engenhos de proteção e limpeza. No entanto, raros de nós se acautelam contra o inimigo que se nos instala no próprio ser, sob os nomes de canseira, nervosismo, angústia ou preocupação.

Asseguramos a tranquilidade dos que nos cercam, multiplicando recursos de segurança e higiene, no plano exterior, e, simultaneamente, acumulamos nuvens de pensamentos obsessivos que terminam suscitando pesadelos dentro de casa.

Muitas vezes, desapontados de nós para conosco, à face dos estragos estabelecidos por nossa invigilância, recorremos a tranquilizantes diversos, tentando situar a impulsividade que nos é própria no quadro das moléstias nervosas, no pressuposto de inocentar-nos.

Sem dúvida, não podemos subestimar o poder da mente sobre o campo físico em que se apoia. Se acalentamos a irritação sistemática, é natural que os choques do espírito atrabiliário alcancem o corpo sensível, descerrando brechas à enfermidade. Nesse caso, é preciso rogar socorro ao remédio. Ainda assim, é imperioso que nos decidamos ao difícil empreendimento do autodomínio.

No que concerne a temperamento, é possível receber as melhores instruções e receitas de calma; entretanto, em última análise, a providência decisiva pertence a nós mesmos.

Ninguém consegue penetrar os redutos de nossa alma, a fim de guarnecê-la com barricadas e trancas.

Queiramos ou não, somos senhores de nosso reino mental.

Por muito nos achemos hoje encarcerados, do ponto de vista de superfície, nas consequências do passado, pelas ações infelizes em nossa estrada de ontem, somos livres, na esfera íntima, para controlar e educar o nosso modo de ser.

Não nos esqueçamos de que fomos colocados, no campo da vida, com o objetivo supremo de nosso rendimento máximo para o bem comum. Saibamos enfrentar os nossos problemas como sejam e como venham, opondo-lhes as faculdades de trabalho e de estudo de que somos portadores. Nem explosão pelas tempestades magnéticas da cólera e nem fuga pela tangente do desculpismo. Conter-nos. Governar-nos.

Aqui e além, estamos chamados a conviver com os outros, mas vivemos em nós, estruturando os próprios destinos, na pauta de nossa vontade, porque a vida, em nome de Deus, criou em cada um de nós um mundo por si.

45
DESAFIO E RESPOSTA
Excelência da compaixão

Compadece-te, pede a vida.
Compadece-te, pede a lei.
A vida é amor e a lei é justiça, no entanto, por marco de interação, a Divina Providência colocou entre ambas a fonte da misericórdia, assegurando o equilíbrio.
O amor sabe que, sem justiça, a estrada mergulharia no caos, e a justiça reconhece que, sem amor, a meta se perderia nas tramas do ódio.
Acende, pois, a lâmpada de tua compaixão e clareia a marcha.
Quando a névoa obscureça algum trecho da senda, aponta o rumo certo e, conquanto não percas a prioridade do raciocínio, estende o pão da bondade com o metro da lógica.
Se alguém te escorraça, recorda que ninguém altearia os punhos contra o próximo se estivesse convencido de que, um dia, no plano superior, seremos inquiridos sobre

aquilo que estamos fazendo aos nossos irmãos; se alguém te menospreza, reflete que ninguém depreciaria um companheiro se soubesse que, amanhã, talvez renasça no lar daqueles mesmos a quem haja fustigado com o látego da aversão; se alguém te injuria, lembra-te de que ninguém ergueria o verbo, em louvor da crueldade, se realmente acreditasse que responderemos por todos os espinhos que estivermos semeando nos caminhos alheios; se alguém te prejudica pelo abuso de autoridade, pensa que ninguém se desmandaria no poder se meditasse na hora inevitável em que será compelido a fundir todas as vanglórias humanas num punhado de cinzas!...

Serve, reconhecendo que o trabalho é nossa herança comum, na jornada evolutiva, e ora, aceitando no firmamento o teto abençoado que a todos nos acolhe como filhos de Deus.

À frente de quem se aproxime, compadece-te.

Todos somos alunos na escola da experiência.

Cada lição conquistada resulta de esforço. Esforço, muitas vezes, encontra dificuldade. Toda dificuldade é um desafio. E, diante de qualquer desafio, antes de tudo, compaixão é a resposta.

46
PACIÊNCIA E NÓS
Definição de paciência

Quando as dificuldades atingem o apogeu, induzindo os companheiros mais valorosos a desertarem da luta pelo estabelecimento das boas obras, e prossegues sob o peso da responsabilidade que elas acarretam, na convicção de que não nos cabe descrer da vitória final...

Quando os problemas se multiplicam na estrada, pela invigilância dos próprios amigos, e te manténs, sem revolta, nas realizações edificantes a que te consagras...

Quando a injúria te espanca o nome, procurando desmantelar-te o trabalho, e continuas fiel às obrigações que abraçaste, sem atrasar o serviço com justificações ociosas...

Quando tentações e perturbações te ameaçam as horas, tumultuando-te os passos, e caminhas à frente, sem reclamações e sem queixas...

Quando te é lícito largar aos ombros de outrem a carga de atribuições sacrificiais que te assinalam a existência, e não te afastas do serviço a fazer, entendendo que nenhum esforço é demais em favor do próximo...

Quando podes censurar e não censuras, exigir e não exiges...

Então, terás levantado a fortaleza da paciência no reino da própria alma.

Nem sempre passividade significa resignação construtiva.

Raramente pode alguém demonstrar conformidade, quando se encontre sob os constrangimentos da provação.

Paciência, em verdade, é perseverar na edificação do bem, a despeito das arremetidas do mal, e prosseguir corajosamente cooperando com ela e junto dela, quando nos seja mais fácil desistir.

47
ENTRE O BEM E O MAL
O dever de velar pelo bem dos outros

Qual acontece a muitos de nós — Espíritos nas veredas do progresso —, encontrarás também os teus momentos de indecisão entre o bem e o mal. Qual se estivesses num labirinto, sentes a estranheza de alguém que desconhecesse, de todo, o rumo a seguir.

Não ignorarás quanto à abnegação daqueles que se decidiram pelo caminho do sacrifício, em semelhantes ocasiões, a fim de que tivesses paz e segurança. Ajudarás e abençoarás sempre. Lembrar-te-ás de que a vida não te constitui privilégio e de que és apenas um elo na corrente infinita das criaturas que integram a família universal. À frente e à retaguarda, à esquerda e à direita, caminham contigo aqueles corações que se te vinculam à existência, e que, de um modo ou de outro, dependem de ti para assimilar os benefícios da reencarnação. Diante de qualquer dificuldade, pensa neles primeiro. Não vaciles.

Não permitas que a ideia comodista do conforto a ti mesmo te inutilize a capacidade de auxiliar. O egoísmo te fará tecla muda e não conseguirás responder aos apelos da vida a que se execute, onde estejas, a sinfonia da felicidade geral.

Ama e compreenderás teu destino.

Serve e cumprirás tua missão.

Deixa que o poder do bem se comunique com os outros, através de tua alma. Aos fracos, revestirás de fortaleza; aos aflitos, sossegarás com a tranquilidade; aos descrentes, socorrerás com a fé, e, aos caídos, darás teu braço alentador.

Recorda o encadeamento de todos os seres da Criação perante a Sabedoria Divina e perceberás a Divina Sabedoria solicitando-te trabalho e concurso, a benefício de cada um.

Confia-te ao Senhor para que Ele te use na oficina da bondade, e, por mais que o malho da experiência te vibre golpes no espírito, nada mais fará que te burilar o coração para a imortalidade vitoriosa.

Em qualquer instante de incerteza, não admitas que a dúvida te assalte a cidadela interior.

Entre o bem e a negação do bem não existe neutralidade. Escolherás o bem para os teus irmãos, e a breve tempo, trecho adiante da vida, compreenderás que, fazendo o bem aos outros, nada mais fizeste que acrescentar o bem a ti mesmo, de modo a usufruíres paz constante e alegria maior.

48
NOS MOMENTOS DIFÍCEIS
Inspiração dos pioneiros do bem

Sempre que o madeiro da obrigação te pese nos ombros feridos, pensa nos que sofreram antes para que desfrutes os bens de agora.

Descerra os olhos da alma e fita de novo os que te armaram de força e entendimento para o caminho!...

A infância e os benfeitores das horas primeiras!... Medita no tempo em que saíste do aconchego doméstico para as lides maiores da encarnação na Terra, como quem parte de um cais florido para a travessia de mar revolto. Os que viste passar descuidados, nas embarcações do egoísmo, encerrados no reconforto próprio, não te ficaram no painel da lembrança, senão como sombras vagas que o tempo esbateu... Entretanto, por muito se te haja mudado a mente, nela está como que insculpida a fogo os que suaram e choraram para que sejas hoje o que és!...

Não te entregues à doentia ansiedade dos que desejam parar a máquina do tempo, rebelados contra a renovação necessária ao aprimoramento da vida, mas, de quando em quando, concede um momento às boas recordações... Delas se levantam os alicerces morais em que te equilibras. Reencontrarás com elas, quais flamas inspiradoras, os gestos anônimos dos que te ajudaram em silêncio; o devotamento dos que acreditaram em tuas promessas e esperanças, estendendo-te mãos socorredoras; a confiança dos que não te desdenharam a meninice, conversando contigo acerca da verdade; e, sobretudo, a abnegação dos que te corrigiram amando, no recinto inesquecível do lar, quanta vez sufocando as mais belas aspirações da alma, para que não te faltasse calor de bom exemplo!...

Reflete nos que te ficaram na memória, à feição de luminosos sinais de rumo para a jornada!... Eles nos ensinam que não existe realização sem trabalho e fidelidade sem sacrifício... Eles te conferirão resistência à frente do desânimo, falar-te-ão de novo ao coração sobre a luz que te confiaram para que o porvir não afunde nas trevas... Pensa naqueles que perseveraram no bem para que o mal não te dominasse o caminho, e, abraçando o trabalho que te cabe na edificação da Humanidade melhor, compreenderás que o mundo não deve coisa alguma aos que passaram por ele cogitando unicamente de si.

49
EM TORNO DA HUMILDADE
Fidelidade ao dever

De quando em quando, reflitamos em nossa posição de instrumentos, para que a vaidade não nos assalte.

Obviamente, não queremos depreciar a nossa condição de instrumentalidade.

Se necessitamos do concurso de um violino, na execução de uma partitura, não podemos substituí-lo por outro agente musical; há de ser um violino e, tanto quanto possível, dos melhores.

Ninguém nega a importância do instrumento nessa ou naquela realização; no entanto, convém recordar o imperativo de humildade que nos cabe desenvolver, diante do Senhor, que se serve de nós, segundo as nossas capacidades, na edificação do Reino de Deus.

Máquinas poderosas efetuam hoje o serviço de muitos homens; todavia, na direção delas, estão operários especializados que, a seu turno, se encontram orientados por técnicos competentes.

Pessoa alguma consegue, a rigor, realizar, por si só, obra estável e prestante.

O progresso comum é comparável a edifício em cujo levantamento cada um de nós tem a parte de trabalho que lhe corresponde, e não se diga que, pelo fato de ser a nossa atividade, muitas vezes, suposta pequenina, venha, por isso, a ser menos importante.

O picareteiro, suando na formação dos alicerces, assegura bases ao serviço do pedreiro, no desdobramento da construção.

Cada tarefeiro está investido de autoridade respeitável e diferente, na função que lhe é atribuída, desde que lhe seja leal, mas não pode esquecer que constitui em si e por si tão somente uma peça na obra — toda vez que a obra seja examinada em sua feição total.

Imaginemos uma flor que, superestimando a própria beleza, resolvesse desligar-se da fronde para produzir o fruto sozinha. Certamente, seria o agrado para os olhos de alguém, durante algumas horas, mas acabaria murchando decepcionada, porquanto, para alcançar as finalidades do seu destino, deve ser fiel ao tronco que a sustenta.

Cultivemos a humildade, aprendendo a valorizar o esforço de nossos irmãos. Saibamos reconhecer, conscientemente, que todos somos necessitados uns dos outros para atingir o alvo a que nos propomos, nas trilhas da evolução, mantendo-nos eficientes e tranquilos nas obrigações a que fomos chamados, sem fugir às responsabilidades que nos competem, sob a falsa ideia de que somos mais virtuosos que os outros, e sem invadir a seara de nossos companheiros com o vão pretexto de sermos enciclopédicos.

Humildade não é omitir-nos e sim conservar-nos no lugar de trabalho em que fomos situados pela Sabedoria Divina, cumprindo os nossos deveres, sem criar problemas, e oferecendo à construção do bem de todos o melhor concurso de que sejamos capazes.

50
QUANDO O ERRO APAREÇA
Atitude à frente de nossos erros

Surge, comumente, para todos nós o instante de reconsideração dos próprios erros, em que bastas vezes experimentamos dolorosa impressão de autofalência.

Intentávamos completar construção determinada, e a ventania das circunstâncias adversas nos derrubou as vigas iniciais; começávamos a resolver um problema difícil e ei-lo que se complica como que a destacar-nos a insipiência...

Revoltados contra nós mesmos, ensaiamos escapatórias diversas e asseveramos, desencantados:

— Trabalhei quanto pude...
— Tentei lutar...
— Sou um fracasso...
— Reconheci que não presto...
— A realização era alta demais...
— Para que prosseguir?!
— Deixo isso a quem possa...
— Fiz força...

Semelhantes afirmativas parecem testemunhar expressiva modéstia, atraindo simpatia e admiração em nosso favor, mas, na essência, não valem.

Quando o erro apareça em nossa área de ação, recordemos o motorista diligente que se atira a conserto e não a queixume, ante o carro enguiçado, e estabeleçamos primeiramente a pausa de revisão.

Aceitemo-nos tais quais somos, fracos, imperfeitos, rebeldes ou reincidentes no mal. Fitemo-nos no espelho da razão pura. Raciocinemos. Observemos os pontos vulneráveis, em torno dos quais as nossas faltas reaparecem. Verifiquemos claramente em nós aquilo que desaprovamos nos outros. Nenhuma tentativa de evasão pela tangente do desculpismo. Anotemos as nossas necessidades morais, sem esperar que alguém no-las aponte, e lancemo-nos à obra restaurativa.

Corrigir-nos sinceramente e recomeçar o trabalho de autorreeducação tantas vezes quantas se fizerem precisas.

Ocasiões sobrevêm nas quais o abatimento é tão grande, perante os nossos erros, que muitos de nós se aventuram a pronunciar a palavra "impossível" para qualquer convite à renovação.

Quando isso aconteça, fujamos de perder tempo, articulando frases de autopiedade. Sentar-se à beira da estrada, para lamentar o mal sem remédio, é tão perigoso quanto cair e refocilar-se indefinidamente no chão.

Por maior que seja o erro em que estejamos incursos, reiniciemos pacientemente a tarefa em que nos malogramos, recorrendo à oração. Em verdade, ninguém pode substituir-nos no esforço que é nosso, mas todo esforço somado à oração quer dizer: nós com Deus.

51
ANTE O DIVÓRCIO
Lar e divórcio

Toda perturbação no lar, frustrando-lhe a viagem no tempo, tem causa específica. Qual acontece ao comboio, quando estaca indebitamente ou descarrila, é imperioso angariar a proteção devida para que o carro doméstico prossiga adiante.

No transporte caseiro, aparentemente ancorado na estação do cotidiano (e dizemos *aparentemente*, porque a máquina familiar está em movimento e transformação incessantes), quase todos os acidentes se verificam pela evidência de falhas diminutas que, em se repetindo indefinidamente, estabelecem, por fim, o desastre espetacular.

Essas falhas, no entanto, nascem do comportamento dos mais interessados na sustentação do veículo ou, mais propriamente, do marido e da mulher, chamados pela ação da vida a regenerar o passado ou a construir o futuro pelas possibilidades da reencarnação no presente, falhas essas que se manifestam de pequeno desequilíbrio a pequeno desequilíbrio, até que se desencadeie o desequilíbrio maior.

Nesse sentido, vemos cônjuges que transfiguram conforto em pletora de luxo e dinheiro, desfazendo o matrimônio em facilidades loucas, como se afoga uma planta por excesso de adubo, e observamos aqueles outros que o sufocam por abuso de sovinice; notamos os que arrasam a união conjugal em festas sociais permanentes e assinalamos os que a destroem por demasia de solidão; encontramos os campeões da teimosia que acabam com a paz em família, manejando atitudes do contra sistemático, diante de tudo e de todos, e identificamos os que a exterminam pelo silêncio culposo, à frente do mal; surpreendemos os fanáticos da limpeza, principalmente muitas de nossas irmãs, as mulheres, quando se fazem mártires de vassoura e enceradeira, dispostas a arruinar o acordo geral em razão de leve cisco nos móveis, e somos defrontados pelos que primam no vício de enlamear a casa, desprezando a higiene.

Equilíbrio e respeito mútuo são as bases do trabalho de quantos se propõem garantir a felicidade conjugal, uma vez que, repitamos, o lar é semelhante ao comboio em que filhos, parentes, tutores e afeiçoados são passageiros.

Alguém perguntará como situaremos o divórcio nessas comparações. Divorciar, a nosso ver, é deixar a locomotiva e seus anexos. Quem responde pela iniciativa da separação decerto que larga todo esse instrumental de serviço à própria sorte, e cada consciência é responsável por si. Não ignoramos que o trem caseiro corre nos trilhos da existência terrestre, com autorização e administração das leis orgânicas da Providência Divina e, sendo assim, o divórcio, expressando desistência ou abandono de compromisso, é decisão lastimável, conquanto às vezes necessária, com raízes na responsabilidade do esposo ou da esposa que, a rigor, no caso, exercem as funções de chefe e maquinista.

52
IDIOTIA
Lesões cerebrais irreversíveis

Surge, aqui e ali, quem pergunte por eles, os tiranos que ensoparam o mundo de lágrimas, conhecidos por lamentáveis fazedores de guerra.

Apropriavam-se da autoridade e comandavam o extermínio das cidades que se lhes rendiam sem restrições; passavam, quais ciclones pestilentos, incendiando sítios prósperos, aniquilando homens dignos, abatendo enfermos, desrespeitando mulheres, empalando fugitivos ou decepando os braços de crianças inermes; apareciam por empreiteiros da demolição e do sarcasmo, organizando o cativeiro de povos livres ou formando, em nome da prepotência, as inquisições políticas, nas quais o abuso do poder consagrava a felonia e a traição por bases de governança, a fim de que os quadrilheiros das trevas operassem, impunes; salientavam-se por mandantes dos choques de violência em que os fracos eram irremediavelmente impelidos à queda ou espoliados sem remissão...

Entretanto, nas seges purpuradas e nos palácios faustosos em que transitavam sorridentes, na direção do sepulcro, repontavam, sem que eles mesmos percebessem, as maldições dos sacrificados, o choro das viúvas e dos órfãos, os gritos de horror dos perseguidos quando traspassados pelos últimos golpes, as chamas das fogueiras destruidoras, o sofrimento dos mutilados, as pragas dos feridos agonizantes largados à ventania da noite, o sangue dos campos recobertos de cadáveres insepultos, o frio das necrópoles encharcadas de pranto, o infortúnio dos lares vazios, o protesto das escolas arrasadas, a dor silenciosa dos templos derruídos, os adeuses e os soluços dos mortos.

E ao deixarem o corpo físico, muitas vezes com as honras tributadas aos grandes chefes, no próprio catafalco resplendente de lumes, de permeio com os cânticos e as orações, nos quais se lhes homenageavam os restos, passaram a escutar, terrificados e indefesos, o vozerio de condenação e a algazarra do desespero com que eram recebidos em novo nível de consciência.

Atormentados, então, por muitas das vítimas que não lhes desculpavam a crueldade, humilhados e desditosos, suplicaram da Providência Divina a própria internação provisória em celas de esquecimento, e renasceram na esfera do raciocínio deformado e entenebrecido.

•

Quando passes diante de um irmão torturado por lesões cerebrais irreversíveis, não lhe voltes o rosto, nem recorras à eutanásia inconsciente. Quase sempre, o companheiro situado na provação temporária da idiotia é um gênio fulgurante, reencarnado na sombra, a estender-te o pensamento aflito e mudo, necessitado de compaixão.

53
LIVRES, MAS RESPONSÁVEIS
Liberdade e responsabilidade

A quem nos pergunte se a criatura humana é livre, respondamos afirmativamente.

Acrescentemos, porém, que o homem é livre, mas responsável, e pode realizar o que deseje, mas estará ligado inevitavelmente ao fruto de suas próprias ações.

Para esclarecer o assunto, tanto quanto possível, examinemos, em resumo, alguns dos setores de sementeira e colheita ou, melhor, de livre-arbítrio e destino em que o espírito encarnado transita no mundo.

POSSE — O homem é livre para reter quaisquer posses que as legislações terrestres lhe facultem, de acordo com a sua diligência na ação ou seu direito transitório, e será considerado mordomo respeitável pelas forças superiores da vida se as utiliza a benefício de todos, mas, se abusa delas, criando a penúria dos semelhantes, de modo a favorecer os próprios excessos, encontrará nas consequências disso a fieira de provações com que aprenderá a acender em si mesmo a luz da abnegação.

NEGÓCIO — O homem é livre para efetuar as transações que lhe apraza e granjeará o título de benfeitor, se procura comerciar com real proveito da clientela que lhe é própria, mas, se arrasa a economia dos outros com o fim de auferir lucros desnecessários, com prejuízo evidente do próximo, encontrará nas consequências disso a fieira de provações com que aprenderá a acender em si mesmo a luz da retidão.

ESTUDO — O homem é livre para ler e escrever, ensinar ou estudar tudo o que quiser, e conquistará a posição de sábio se mobiliza os recursos culturais em auxílio daqueles que lhe partilham a romagem terrestre; mas, se coloca os valores da inteligência em apoio do mal, deteriorando a existência dos companheiros da Humanidade com o objetivo de acentuar o próprio orgulho, encontrará nas consequências disso a fieira de provações com que aprenderá a acender em si mesmo a luz do discernimento.

TRABALHO — O homem é livre para abraçar as tarefas a que se afeiçoe e será honorificado por seareiro do progresso se contribui na construção da felicidade geral; mas, se malversa o dom de empreender e de agir, esposando atividades perturbadoras e infelizes para gratificar os seus interesses menos dignos, encontrará nas consequências disso a fieira de provações com que aprenderá a acender em si mesmo a luz do serviço aos semelhantes.

SEXO — O homem é livre para dar às suas energias e impulsos sexuais a direção que prefira e será estimado por veículo de bênçãos quando os emprega na proteção sadia do lar, na formação da família, seja na paternidade ou na maternidade com o dever cumprido, ou, ainda, na sustentação das obras de arte e cultura, benemerência e elevação do espírito; mas, se para lisonjear os próprios sentidos transforma os recursos genésicos em dor e desequilíbrio, angústia ou desesperação para os semelhantes, pela injúria aos sentimentos alheios ou pela deslealdade e desrespeito nos compromissos e ajustes afetivos, depois de havê-los proposto ou aceitado, encontrará nas consequências disso a fieira de provações com que aprenderá a acender em si mesmo a luz do amor puro.

O homem é livre até mesmo para receber ou recusar a existência, mas recolherá invariavelmente os bens ou os males que decorrem de sua atitude, perante as concessões da Bondade divina.

Todos somos livres para desejar, escolher, fazer e obter, mas todos somos também constrangidos a entrar nos resultados de nossas próprias obras.

Cabe à Doutrina Espírita explicar que os princípios da Justiça Eterna, em todo o Universo, não funcionam simplesmente à base de paraísos e infernos, castigos e privilégios de ordem exterior, mas, acima de tudo, através do instituto da reencarnação, em nós, conosco, junto de nós e por nós. Foi por isso que Jesus, compreendendo que não existe direito sem obrigação e nem equilíbrio sem consciência tranquila, nos afirmou, claramente: "Conhecereis a verdade e a verdade vos fará livres".

54
ENTES AMADOS
No trato com os entes queridos

Referimo-nos aos entes amados como sendo tesouros do coração. Erigem-se na existência, por bênçãos de Deus que nos enriquecem de tranquilidade e reconforto. São eles pais ou filhos, parentes ou companheiros, irmãos ou amigos que nos entretecem a alegria de viver com o doce magnetismo da afinidade. Para eles voam os nossos melhores pensamentos de carinho e previdência, tolerância e compreensão. Às vezes, supomos encontrar neles as mais nobres criaturas da Terra e, no afã de testemunhar-lhes confiança e ternura, proclamamos o intento de subtraí-los às dificuldades educativas do mundo, sob o pretexto de livrá-los de sofrimento e tentação. Decerto, semelhante empresa é atenciosamente seguida na Vida maior pelos instrutores devotados que nos patrocinam a inspiração e a segurança.

A preocupação de prover as necessidades daqueles que estimamos não é tão somente legítima, é indispensável. E tudo o que pudermos ofertar-lhes em abnegação redundará em sementeira de luz e amor a frutescer, um dia, em amparo e felicidade para nós mesmos.

Habitualmente, contudo, um problema aparece na lavoura afetiva a que nos consagramos: tranca-se-nos o afeto, em torno das pessoas que a vida nos confiou à dedicação, e eis que elas, a pouco e pouco, se transformam em prisioneiras de nossas exigências, sem que venhamos a perceber.

Quando isso acontece, passamos instintivamente a entravar-lhes o passo e a influenciar-lhes, em demasia, o modo de ser. Daí nascem dificuldades e conflitos que é imprescindível saber evitar.

Cada um de nós traz consigo realizações inacabadas, objetivos por atingir, tarefas ou débitos diferentes que, na maioria das ocasiões, não nos permitem a comunhão imediata uns com os outros.

À vista disso, os que desejamos tanto a felicidade das criaturas que se nos fazem extremamente queridas, saibamos respeitar-lhes a independência — o dom da independência que a Lei Divina a todos nos conferiu.

Auxiliemos nossos entes amados a serem eles próprios, com as faculdades que lhes singularizam a alma. Devotemo-nos à construção da felicidade deles, com os mais entranhados sentimentos do coração, mesmo porque as revelações divinas nos conclamam incessantemente a amar-nos com entendimento recíproco, mas peçamos a Deus que nos ajude a reconhecer-lhes a liberdade, a fim de que escolham os caminhos e experiências que lhes pareçam mais justos à jornada de progresso e elevação, sem que haja cativeiro na vida, nem para eles nem para nós.

55
TAMBÉM POR NÓS
Autoexame

É sempre muito fácil encastelar-nos na mágoa contra aqueles que interpretamos como sendo nossos ofensores, porque os melindres pessoais dispõem de capas multiformes para acobertar-nos o egoísmo com supostas razões. Se estamos, porém, atentos à recomendação de Jesus, que nos solicita a reconciliação com os nossos adversários enquanto nos achamos a caminho com eles, é forçoso saber alistar não apenas os males que partiram deles para nós, mas igualmente aqueles outros que partiram de nós para eles:

- observar a gênese dos fatos que motivaram o desentendimento e positivar o tamanho de nossa participação na desarmonia em curso;
- anotar as nossas vantagens e reconhecer honestamente se não estamos sendo os empreiteiros do arrasamento de nossos opositores;

- estudar-lhes com sinceridade as atitudes para conosco e verificar se a dureza de coração é mais insistente de nosso lado;
- analisar o nosso modo de ser e, depois de profunda introspecção, concluir se estamos incorrendo em teimosia e violência, simplesmente para humilhá-los com demonstrações de pretensa superioridade;
- pesquisar do nosso próprio caráter se não seremos nós, em verdade, os turrões inveterados, incapazes de qualquer reconsideração de caminho, em favor da reorganização e da paz.

Em nos referindo a qualquer assunto de antagonismo ou desafeto, tenhamos a precisa coragem de comparecer diante de nossa própria consciência indagando, de nós mesmos, em que grau de culpa nos encontramos nas incompatibilidades de nós para com os outros, e, orando pelos que nos perseguem ou caluniam, segundo os preceitos de Jesus, oremos também por nós, a fim de que sejamos esclarecidos, em nosso próprio favor, de maneira a não nos constituirmos, na estrada alheia, em pedra de tropeço ou em veículo do mal.

56
NA CURA DA OBSESSÃO
Obsessão e auxílio espírita

Sofreste processo obsessivo que te ameaçava a segurança mental; no entanto, recolheste, a tempo, o socorro espírita que te arrancou da hipnose das trevas. Ainda assim, ao modo de enfermo em laboriosa restauração, não prescindes de constante apoio fraterno. De quando em quando, o pensamento se te obscurece, sob o jugo de emoções contraditórias, qual se te expusesses a rajadas de aflição e medo, a te esfoguearem a cabeça e enregelarem o coração... E, nas horas de crise, quando a influência de seres conturbados te alcança o psiquismo, experimentas o pavor do náufrago semissalvo, quase em terra firme, que a maré grossa tenta arrastar novamente ao fundo.

É natural que esperes auxílio, mas é necessário igualmente que te auxilies.

Refaze as forças físicas, sob a inspiração da Ciência curativa que a Providência Divina te assegura na Terra, mas satisfaze também a medicação da alma, através de leituras edificantes, em cujos textos a Doutrina Espírita te ajude a retomar o controle de espírito, promovendo o governo da casa íntima. Cultiva a oração, sem esquecer o trabalho sadio que te valorize o tempo e a presença, angariando, sobretudo, alguma atividade beneficente que te faça mais útil à felicidade do próximo, em necessidades talvez maiores que as tuas. Reage contra quaisquer impressões de mágoa ou ressentimento, evita, tanto quanto possível, as circunstâncias em que a tua posição de convalescente seja suscetível de queda, e guarda-te no convívio de irmãos cujos laços de entendimento e de afinidade te garantam o equilíbrio que ainda não pudeste, de todo, recuperar.

Rogas o concurso de benfeitores desencarnados, através de médiuns amigos, e decerto receberás semelhante auxílio; no entanto, é imprescindível que te decidas a aproveitá-lo.

Meditemos no esforço generoso daqueles que nos amparam e saibamos colaborar com eles, a benefício nosso. O enfermo mais ricamente assistido deve cooperar com o médico que o atende, para que se possa curar.

57
PROBLEMAS
Ante os problemas da vida

Nossos problemas nem sempre são tão grandes quanto a nossa incapacidade de nos desfazermos deles.

Qualquer dificuldade se nos agiganta na imaginação, porque nos habituamos à excessiva inquietude em torno dela; sem dúvida, é forçoso criar clima propício à solução pacífica e edificante de crises que surjam, e para isso justamente é que necessitamos cultivar serenidade e entendimento.

Reflitamos nos problemas cotidianos, categorizando-os por recursos renovadores. Toda questão embaraçosa nos é apresentada qual se a vida nos propusesse um enigma. Aceitemo-lo calmamente e vejamos como aproveitá-lo.

Comecemos por uma atitude de compreensão e simpatia, examinando-lhe as facetas.

Se nos achamos perante uma situação desagradável, meditemos nela, não como pesar que nos afete individualmente, mas sim como episódio com funções no benefício geral, e ajudemo-lo a encaixar-se no mecanismo das circunstâncias, em louvor da harmonia comum. A pedra que acidentalmente nos fira será provavelmente a peça que sustentará a segurança da construção, e, porque nos haja trazido leve dissabor, isso não é motivo para arredá-la do serviço que deve prestar à coletividade. Assim acontece com a crítica, com a desilusão, com o desentendimento ou com a perseguição gratuita. Recebamo-los sem mágoa e observemos qual a mensagem favorável e útil de que se fazem veículo. Tomada semelhante posição, verificaremos que a crítica nos auxilia, à maneira do inseticida capaz de imunizar a árvore do nosso trabalho contra pragas destruidoras que talvez nos ameacem de perto; aquilo que nomeamos como sendo desilusão passa a revelar-se por transformação imperiosa e benéfica; o desentendimento é a oportunidade que, muitas vezes, favorece a supressão de pequeninos obstáculos, antes de se formarem obstáculos maiores, e a perseguição gratuita habitualmente estabelece condições para que o apoio de nossos verdadeiros amigos se levante junto de nós, para união mais íntima e realizações mais amplas.

Nunca te amedrontes diante dos problemas que te apareçam. Na maioria das circunstâncias, eles significam mudança, e mudança pede adaptação à realidade para o bem de todos e mais acentuada felicidade para cada um, no nível em que cada um se coloque.

À frente de qualquer desafio, recordemos que todo problema é um convite da vida, em nome de Deus, para que venhamos a compreender mais amplamente, melhorar sempre e servir mais.

58
PERSEVERARÁS
Necessidade incessante do bem

Persistirás no bem. Ainda mesmo que ouças prodígios acerca dos que se laurearam fora dele, perseverarás... Ainda mesmo que os amigos mais estimáveis te convidem a abandoná-lo, sob o pretexto de que podes ser bom simplesmente não fazendo o mal, perseverarás.

Os que se resguardam na construção da felicidade de todos são aqueles que encontram o próprio destino. Cedo reconhecem que o homem nasce para ser útil e procuram esquecer-se. Registram a lamentação dos que afirmam ser o mundo uma represa de lágrimas e esforçam-se para que a Humanidade compreenda a Terra como sendo também uma casa de Deus, bafejada de sol. Assinalam a voz dos que borboleteiam no campo das sensações, asseverando que a existência é apenas o dia que passa, e prosseguem jungidos ao arado do serviço, na certeza de que estão edificando para agora e para o futuro. E porque resistem a seduções e tentações, fazem-se alvo das arremetidas de todos aqueles que abafaram a consciência, no lado negativo das convenções humanas, enceguecidos de vaidade ou atolados no visgo dos interesses pessoais. Transfiguram-se, desde então, em ponto de mira para a saraivada de injúrias com que se lhes pretende barrar o pensamento em marcha renovadora ou paralisar as mãos no curso das boas obras. Agiganta-se-lhes, porém, a fé sob o impacto da perseguição injustificada ou do ódio gratuito, e trabalham mais, com mais acentuado valor. Compadecem-se dos caluniadores, endereçando--lhes o benefício da oração, porque sabem separá-los da calúnia como se aparta um enfermo do processo infeccioso que lhe corrompe as energias. Toleram, pacientemente, os ofensores, porquanto jazem convencidos de que a ofensa é fruto da ignorância ou, mais propriamente, da ausência de luz espiritual, e ninguém pode condenar um viajante que se arroja no pântano, quando caminha sob as trevas.

    Perseverarás no bem acima de todas as circunstâncias.

    Sobrenadarás o dilúvio de sombras, fiel ao raio de luz que te aponta o rumo certo.

    Ainda mesmo de alma relegada à solidão, persistirás no bem, recordando Jesus que esteve sozinho ao proclamar-lhe a grandeza sobre o triunfo aparente do mal, ensinando-nos a cada um que venceremos realmente o mal tão somente quando, em cada tarefa que abraçarmos, tivermos a precisa coragem de perseverar no bem até ao fim.

59
AUXÍLIO E ESFORÇO PRÓPRIO
Auxílio externo e esforço próprio

Amemos a consolação, usando-a, porém, à maneira do óleo que lubrifica a máquina, sem exonerá-la da atividade precisa.

O Criador estabelece auxílio incessante para todas as necessidades da Criação, mas determina que a lei do trabalho seja cumprida em todas as direções.

A árvore encontra adubo no solo e alimento na atmosfera; no entanto, deve produzir o fruto, conforme a espécie a que pertence. A ostra, conquanto usufrua o agasalho da concha e se rejubile na água nutriente do mar, fabrica a pérola, no âmago de si mesma.

Não fujas, assim, à responsabilidade de pensar e realizar.

Rogas o amparo da eterna Sabedoria.

Solicitas a inspiração dos mensageiros da Luz.

Requisitas esse ou aquele obséquio de amigos desencarnados.

Pedes concurso incessante às forças da Natureza.

Não te falta o apoio do Céu e da Terra; todavia, ninguém te consegue isentar das próprias obrigações.

•

Raciocina e perceberás que o auxílio e o esforço próprio funcionam conjugados em todos os lances da experiência.

O costureiro faz a roupa; contudo, se pretende vestir-te, não há de envergá-la.

O médico prescreve a medicação; mas, para curar-te, não deve ingeri-la.

O professor explica regras; no entanto, não te substitui a cabeça na assimilação dos ensinamentos.

O fotógrafo tira-te expressivo retrato; entretanto, se procura fixar-te a imagem, não te toma o lugar diante da objetiva.

Agradeçamos as contribuições que a Bondade divina e a fraternidade humana nos estendem a cada passo, mas não nos esqueçamos do dever de servir, voluntariamente, no bem de todos, a favor de nós mesmos, porquanto as Leis do Universo corrigem o mal, onde o mal apareça; contudo, em matéria de aperfeiçoamento moral, jamais constrangem a consciência. Ou trabalhamos espontaneamente e progredimos, conquistando a própria elevação, ou preferimos parar e estacamos em ponto morto.

60
O MODELO
O Cristo no trabalho cotidiano

As horas de inquietação e de incerteza virão sempre. Que fazer quando a bruma da indecisão nos envolva as trilhas da existência? Que padrão seguir, quando chamados a deliberações graves e intransferíveis?

Efetivamente, para cada um de nós surgem lances aflitivos nos quais o nosso livre-arbítrio parece entranhado na sombra, incapaz de escolher entre o bem e o mal. Apesar disso, em meio a todos os desafios no reino da alma, encontraremos no Cristo a inspiração necessária para a resposta justa.

Se o mundo em derredor te apresenta quadros de tentação ou de infortúnio, deixa que o Senhor os contemple, através de teus olhos, e saberás entendê-los em bases de inesperada sublimação. Se registras palavras injuriosas, deixa que Ele, o Divino Mestre, as escute em teus ouvidos e, de imediato, nelas perceberás oportunos convites ao exercício da caridade e da tolerância. Se deves falar em questões complexas, deixa que o Eterno Benfeitor se exprima por teu verbo e articularás sem dificuldade a frase de compreensão e de bênção. Se ages sob qualquer dúvida, relativamente ao proveito das atividades que o mundo te pede, deixa que o excelso Amigo te oriente as mãos no serviço e entrarás, para logo, no rendimento do bem. Se te diriges para lugares determinados, hesitando quanto ao benefício que te advirá do que pretendas fazer, deixa que Ele, o Senhor, caminhe com teus pés e colocarás a ti mesmo na direção que mais te convenha à consciência tranquila.

Resoluções a tomar, encargos por assumir, opiniões a fornecer e provas a enfrentar solicitam meditação se nos propomos atuar com discernimento.

Em todas as indecisões e aflições, pensa no Cristo.

Reflete no Mentor sublime que nos ama e compreende sempre, muito antes que lhe possamos oferecer migalha da nossa compreensão e do nosso amor, e escolhe proceder qual se comportaria Ele, dando de si, sem pensar em si. Deixa-te estar com Ele, tanto quanto Ele está contigo há milênios, e, seja qual for o teu problema, em sentindo, pensando, falando ou agindo, acertarás.

ENCONTRO MARCADO				
EDIÇÃO	IMPRESSÃO	ANO	TIRAGEM	FORMATO
1	1	1967	10.000	13x18
2	1	1971	10.000	13x18
3	1	1978	10.200	13x18
4	1	1984	10.200	13x18
5	1	1986	15.100	13x18
6	1	1987	15.000	13x18
7	1	1991	10.000	13x18
8	1	1992	10.000	13x18
9	1	1997	12.000	13x18
10	1	2004	1.000	13x18
11	1	2006	1.000	13x18
12	1	2006	1.000	13x18
13	1	2008	5.000	13x18
13	2	2009	3.000	13x18
13	3	2010	5.000	13x18
14	1	2013	10.000	14x21
14	2	2018	1.700	14x21
14	3	2019	1.000	14x21
14	POD*	2021	POD	14x21
14	IPT**	2022	450	14x21
14	IPT	2023	300	14x21
14	IPT	2023	200	14x21
14	IPT	2023	500	14x21
14	8	2024	1.200	14x21

*Impressão por demanda
**Impressão pequenas tiragens

O EVANGELHO NO LAR

Quando o ensinamento do Mestre vibra entre quatro paredes de um templo doméstico, os pequeninos sacrifícios tecem a felicidade comum.[1]

Quando entendemos a importância do estudo do Evangelho de Jesus, como diretriz ao aprimoramento moral, compreendemos que o primeiro local para esse estudo e vivência de seus ensinos é o próprio lar.

É no reduto doméstico, assim como fazia Jesus, no lar que o acolhia, a casa de Pedro, que as primeiras lições do Evangelho devem ser lidas, sentidas e vivenciadas.

O espírita compreende que sua missão no mundo principia no reduto doméstico, em sua casa, por meio do estudo do Evangelho de Jesus no Lar.

Então, como fazer?

Converse com todos que residem com você sobre a importância desse estudo, para que, em família, possam compreender melhor os ensinamentos cristãos, a partir de um momento de união fraterna, que se desenvolverá de maneira harmônica e respeitosa. Explique que as reflexões conjuntas acerca do Evangelho permitirão manter o ambiente da casa espiritualmente saneado, por meio de sentimentos e pensamentos elevados, favorecendo a presença e a influência de Mensageiros do Bem; explique, também, que esse momento facilitará, em sua residência, a recepção do amparo espiritual, já que auxilia na manutenção de elevado padrão vibratório no ambiente e em cada um que ali vive.

Convide sua família, quem mora com você, para participar. Se mora sozinho, defina para você esse momento precioso de estudo e reflexões. Lembre-se de que, espiritualmente, sempre estamos acompanhados.

Escolha, na semana, um dia e horário em que todos possam estar presentes.

O tempo médio para a realização do Evangelho no Lar costuma ser de trinta minutos.

---

[1] XAVIER, Francisco Cândido. *Luz no lar*. Por Espíritos diversos. 12. ed. 7. imp. Brasília: FEB, 2018. Cap. 1.

As crianças são bem-vindas e, se houver visitantes em casa, eles também podem ser convidados a participar. Se não forem espíritas, apenas explique a eles a finalidade e importância daquele momento.

O seguinte roteiro pode ser utilizado como sugestão:

1. Preparação: leitura de mensagem breve, sem comentários;
2. Início: prece simples e espontânea;
3. Leitura: *O evangelho segundo o espiritismo* (um ou dois itens, por estudo, desde o prefácio);
4. Comentários: breves, com a participação dos presentes, evidenciando o ensino moral aplicado às situações do dia a dia;
5. Vibrações: pela fraternidade, paz e pelo equilíbrio entre os povos; pelos governantes; pela vivência do Evangelho de Jesus em todos os lares; pelo próprio lar...
6. Pedidos: por amigos, parentes, pessoas que estão necessitando de ajuda...
7. Encerramento: prece simples, sincera, agradecendo a Deus, a Jesus, aos amigos espirituais.

As seguintes obras podem ser utilizadas nesse momento tão especial:

- *O evangelho segundo o espiritismo*, como obra básica;
- *Caminho, verdade e vida*; *Pão nosso*; *Vinha de luz*; *Fonte viva*; *Agenda cristã*.

Esse momento no lar não se trata de reunião mediúnica e, portanto, qualquer ideia advinda pela via da intuição deve permanecer como comentário geral, a ser dito de maneira simples, no momento oportuno.

No estudo do Evangelho de Jesus no Lar, a fé e a perseverança são diretrizes ao aprimoramento moral de todos os envolvidos.

O LIVRO ESPÍRITA

Cada livro edificante é porta libertadora.

O livro espírita, entretanto, emancipa a alma nos fundamentos da vida.

O livro científico livra da incultura; o livro espírita livra da crueldade, para que os louros intelectuais não se desregrem na delinquência.

O livro filosófico livra do preconceito; o livro espírita livra da divagação delirante, a fim de que a elucidação não se converta em palavras inúteis.

O livro piedoso livra do desespero; o livro espírita livra da superstição, para que a fé não se abastarde em fanatismo.

O livro jurídico livra da injustiça; o livro espírita livra da parcialidade, a fim de que o direito não se faça instrumento da opressão.

O livro técnico livra da insipiência; o livro espírita livra da vaidade, para que a especialização não seja manejada em prejuízo dos outros.

O livro de agricultura livra do primitivismo; o livro espírita livra da ambição desvairada, a fim de que o trabalho da gleba não se envileça.

O livro de regras sociais livra da rudeza de trato; o livro espírita livra da irresponsabilidade que, muitas vezes, transfigura o lar em atormentado reduto de sofrimento.

O livro de consolo livra da aflição; o livro espírita livra do êxtase inerte, para que o reconforto não se acomode em preguiça.

O livro de informações livra do atraso; o livro espírita livra do tempo perdido, a fim de que a hora vazia não nos arraste à queda em dívidas escabrosas.

Amparemos o livro respeitável, que é luz de hoje; no entanto, auxiliemos e divulguemos, quanto nos seja possível, o livro espírita, que é luz de hoje, amanhã e sempre.

O livro nobre livra da ignorância, mas o livro espírita livra da ignorância e livra do mal.

Emmanuel[1]

---

[1] Página recebida pelo médium Francisco Cândido Xavier, em reunião pública da Comunhão Espírita Cristã, na noite de 25 de fevereiro de 1963, em Uberaba (MG), e transcrita em *Reformador*, abr. 1963, p. 9.

LITERATURA ESPÍRITA

Em qualquer parte do mundo, é comum encontrar pessoas que se interessem por assuntos como imortalidade, comunicação com Espíritos, vida após a morte e reencarnação. A crescente popularidade desses temas pode ser avaliada com o sucesso de vários filmes, seriados, novelas e peças teatrais que incluem em seus roteiros conceitos ligados à Espiritualidade e à alma.

Cada vez mais, a imprensa evidencia a literatura espírita, cujas obras impressionam até mesmo grandes veículos de comunicação devido ao seu grande número de vendas. O principal motivo pela busca dos filmes e livros do gênero é simples: o Espiritismo consegue responder, de forma clara, perguntas que pairam sobre a Humanidade desde o princípio dos tempos. Quem somos nós? De onde viemos? Para onde vamos?

A literatura espírita apresenta argumentos fundamentados na razão, que acabam atraindo leitores de todas as idades. Os textos são trabalhados com afinco, apresentam boas histórias e informações coerentes, pois se baseiam em fatos reais.

Os ensinamentos espíritas trazem a mensagem consoladora de que existe vida após a morte, e essa é uma das melhores notícias que podemos receber quando temos entes queridos que já não habitam mais a Terra. As conquistas e os aprendizados adquiridos em vida sempre farão parte do nosso futuro e prosseguirão de forma ininterrupta por toda a jornada pessoal de cada um.

Divulgar o Espiritismo por meio da literatura é a principal missão da FEB, que, há mais de cem anos, seleciona conteúdos doutrinários de qualidade para espalhar a palavra e o ideal do Cristo por todo o mundo, rumo ao caminho da felicidade e plenitude.

FEB editora
Livro espírita para um novo mundo
www.febeditora.com.br
@febeditoraoficial
@febeditora

Conselho Editorial:
Carlos Roberto Campetti
Cirne Ferreira de Araújo
Evandro Noleto Bezerra
Geraldo Campetti Sobrinho – Coord. Editorial
Jorge Godinho Barreto Nery – Presidente
Maria de Lourdes Pereira de Oliveira
Miriam Lúcia Herrera Masotti Dusi

Produção Editorial:
Elizabete de Jesus Moreira

Revisão:
Bernadete Falcão

Capa e Projeto gráfico:
Ingrid Saori Furuta

Diagramação:
João Guilherme Andery Tayer

Foto capa:
http://www.istock.com/epicurean

Normalização técnica:
Biblioteca de Obras Raras e Documentos Patrimoniais do Livro

Esta edição foi impressa no pela Editora Vozes Ltda., Petrópolis, RJ, com uma tiragem de 1,2 mil exemplares, todos em formato fechado de 140x210 mm e com mancha de 94x160 mm. Os papéis utilizados foram o Off white slim 65 g/m² para o miolo e o Cartão 250g/m² para a capa. O texto principal foi composto em fonte Adobe Garamond 12/15,3 e os títulos em District Thin 20/20. Impresso no Brasil. *Presita en Brazilo.*